RBS 零售商学院 Retailers Business School

店铺经营"赢在气场"系列

中国零售业提升业绩
必选培训教材

强势成交
Strong Clinch a Deal

做最有气场的卖手

ZUO ZUIYOU QICHANG DE MAISHOU

连　军 / 主编
郑复生 / 著

中国经济出版社
CHINA ECONOMIC PUBLISHING HOUSE
北京

图书在版编目（CIP）数据

做最有气场的卖手 / 连军 主编 .

北京：中国经济出版社，2014.5

ISBN 978-7-5136-2994-2

Ⅰ. 做… Ⅱ. ①连… Ⅲ. ①商店 – 商业经营 Ⅳ. ① F717

中国版本图书馆 CIP 数据核字（2013）第 304661 号

责任编辑 李煜萍

责任审读 贺 静

责任印制 马小宾

出版发行 中国经济出版社

印 刷 者 三河市佳星印装有限公司

经 销 者 各地新华书店

开　　本 710mm × 1000mm 1/16

印　　张 13.5

字　　数 196 千字

版　　次 2014 年 5 月第 1 版

印　　次 2014 年 5 月第 1 次

书　　号 ISBN 978-7-5136-2994-2

定　　价 32.00 元

中国经济出版社 网址 www.economyph.com 社址 北京市西城区百万庄北街 3 号 邮编 100037

本版图书如存在印装质量问题，请与本社发行中心联系调换 （联系电话：010-68319116）

前言

找到你的气场“短板”

在本书里，有很多变革性的观念存在，在你阅读之前，一定要做好必要的心理准备。

有些观念之所以要改变，有很多原因。比如时代在改变，原先能够适应的观念现在已经处在遭淘汰的边缘；也有一些观念，虽然很长一段时间以来被人们所认可，但往往存在过犹不及的情况；甚至还有一些观念，根本就是错误的，却被人们一直奉若圭臬……

这一切，我都借着“气场”的概念进行变革。当然，本书主要讲述的内容不是为了改变而改变，而是想要告诉你如何在新时代做一个有气场的卖手。气场，它不同于自信、积极、强势、智慧、说服，但却包括其中。你可能是一个自信的卖手，但不一定是一个有气场的卖手；你可能是一个能说会道的卖手，却无法证明你的能说会道就是一种气场，它甚至还会削弱你的气场。

你可能会想：气场到底有什么用，为什么要变得有气场？在这里，我可以非常明确地告诉你：没有气场，你的销售工作将会陷入绝境。而且，无论你换什么样的工作，你都可能遇到挫折和难以逾越的障碍。因为你的骨子里缺少一种东西，就像肉体缺少灵魂一样。

提升气场，需要经过多方面综合性的修炼才能实现。比如本书中提到的怯场问题、言辞表达问题、了解顾客的问题、说服顾客的问题、连带销售的问题、拒绝顾客的问题、切入交易的问题、终端信息截留的问题……任何一个问题上的认识缺失或者不到位，都有可能削弱你的气场，这就是我们常说的木桶原理，在气场修炼的问题上，同样适用。

要想知道自己身上是否存在“气场短板”，或者明确哪些是“气场短板”，就需要你仔细阅读本书的内容，并且密切配合我完成文中所提出的一些问题和测试，不要小看这些“课后习题”似的问题，它能够帮助你更清楚、更深刻地了解自己。当然，也让提升气场变得更容易、更到位。

本书是写给卖手的，更多的是写给“80后”“90后”的年轻卖手的。或许你就是这群人当中的一个，那么没错，这本书就是专门为你写的，请不要错过。在“60后”“70后”人们的眼中，这是垮掉的两代，但你们肯定不认同。不认同，不能仅仅只是一个口号，你得做出点什么让他们瞧瞧，那就是“80后”“90后”的你们，同样可以活得很有气场，做到强势成交。这是本书的目的所在，也是我对大家的殷切期望。

郑复生

2014年3月

CONTENTS

目 录

1 第一章

认识自我，你或许是这样的

无论你在学校里是三好学生，还是调皮分子，进入社会都会有一种切身感受：我得提高自我。是的，这个想法很正确。

当致力于提高自己的时候，你是否想到过这样一句话：认识自我是提高自我的基础。这句话很平淡，但道理却很深奥。要想成为一个有气场的卖手，你得首先认识自己，包括自己的能力、生活状态、心态、优劣势、常有的思维等。

不要觉得烦琐，提升气场没有你想象的那么简单。如果你无法真正认识自己，暂且不说你是否会迷路，就算找准了方向，也很难找到适合你的方法和技巧。

无论你是“80后”还是“90后”，都要面对现实而又充满竞争的社会，既然进入了店铺营销这一行，不妨就好好干，向所有的人证明：我不是垮掉的一代，我是个有气场的卖手。跟我一起来，认识你自己，做有气场的卖手。你准备好了吗？

第一节 卖手，“80后”“90后”上演的一场“秀”

卖手，就是我们常说的售货员，也包括餐饮业、服务业的服务员，统指店铺一线店员。这是一个什么样的群体？我们很难用一两句话概括出来，不过你可以看一下自己身边的同事，无论是同性还是异性，都存在一个相对类似的情况：他们当中绝大多数都是“80后”“90后”。偶尔会有“70后”或者“60后”的人存在，但那也只是极个别现象。

卖手，永远是一个属于年轻人的行业，富有挑战，需要激情。现在，这是“80后”“90后”上演的一场“秀”，很幸运，你就是其中一个演员，一个不可或缺的演员。

有了“演员”的资格，接下来你要做的就是如何演好这场“秀”，你有什么特点、你会什么、你的特长是什么、你缺什么、你该避免什么。请问这些你都清楚吗？

____

____

____

如果对于这些问题你还没有想清楚的话，不妨一起来总结下：

1. 压力大，而且很大

现在几乎每遇着一个人，他都会告诉你：我压力很大。“压力大”似乎已经成了一句“口头禅”。不过对于“80后”“90后”的你们来说，压力是真的大，而且很大。这种压力来自两方面：

第一，家庭。现在的你们已经处在成婚年龄，组建自己的家庭是这个年龄段的主要任务，也是家人对你殷切的希望。不过你是否意识到一旦你有了家庭，你身上的担子会越来越重？照顾孩子、赡养老人等，无形之中，你成为压力漩涡的中心。

第二，事业。成就一番事业，或许在你上学的时候就有这种想法了，现在正是实现自己愿望的时候。可是现实的残酷、竞争的激烈，似乎让你离自己的愿望越来越远了。如果你是男性，这种压力更加明显。当你看着自己身边的同龄人都小有成就的时候，你会在无形之中把自己放在压力的千斤顶下。

在这种双重压力下，你或许会想一个非常现实的问题：当一名卖手是我最好的选择吗？我是否能够找到更好的工作？显然，答案并不明朗，因为如果你能找到，相信你早就去了。

没有更好的选择，使得你产生了一种“不得不如此”的念头和心态，在这种心态的影响下，你认定做卖手是种无奈、是种委屈。显然，你不会想着如何去当好一名卖手，更不会想着如何去当一名有气场的卖手。没有想到，何来气场？

情景范例　**一个星期掉了十五斤肉**

王斌在学校里被同学称为“胖哥”，体重曾经一度飙升到180斤，可是自从他毕业当了超市的一名卖手之后，竟然在一个星期之内，体重下降了15斤。

“胖哥，你是不是在减肥啊？每天都不吃饭？”他的同学惊奇地问他。

“没有，是压力太大了。”王斌一脸惆怅地说，言辞之间完全没有了在学校里的那种豪壮，“店里要催业绩，顾客要催效率，动不动还对你吼，家里人催我结婚，我却半毛钱没有，哪个姑娘会看上我？这不，一着急上火，我的体重就自动降下来了。那个时候，看书说伍子胥一夜之间白了头，我还笑话他太夸张，现在看来，这事完全有谱。”

“是啊，压力太大了……”王斌的同学纷纷附和。

身在卖手行业的你一定对王斌的话深有同感，确实，做一名卖手，压力很大。每个人都会有压力，那么你的压力在哪里呢？尽管现在你还解决不了这些压力，但了解一下还是有好处的，把它们一个个写下来吧：

____

____

____

2. 有个性也相对自信

个性，是年轻一代的代名词，这一点不需要再多说什么。只不过很多时候，人们把这种个性理解为自信，这让我觉得有点不太理解。举个例子来说：今天你不想去上班，那就干脆睡一整天，假也不请，工作也不交接。你觉得这就是个性，因为你对重新找一份工作或者明天和领班解释的事情很自信，那么请问，这是真的自信吗？

如果你非要觉得这就是自信，请原谅我，这种自信是相对的，是没有气场可言的。无视领班的威信、没有团队精神的套话就不说了，只是你应该清楚一点：别人会怎么看你的这种行为？

有个性是好事，但一定要是真正自信的个性，那样才是提升气场的基础，才是你改变自己的潜质。什么样的个性是真正自信的个性？

◎ 遇到挫折从不放弃；

◎ 面对失败一笑而过；

◎ 遭遇拒绝从不气馁；

◎ 面对委屈从不抱怨；

◎ 遇到问题尽力解决；

◎ 不断超越对手和自我。

请问，这些自信的个性你有吗？

____

____

____

3. 逆反心理比较严重

“凭什么我得听他的？”

“我是我自己的，所以我得听我自己的。”

不知道在什么时候，“叛逆”两个字已经和“80后”“90后”紧紧地联系在了一起。也正是因为这种心理的存在，使得很多时候你并不被领班、店长、老板看好，甚至会因为某一次叛逆行为而遭到开除，失去工作。这对你来说可能并没有什么，不过你是否想过：如果你频繁地换工作，你的事业如何才能腾飞，你的压力何时才能缓解？

做一名卖手很累，做一名叛逆而又想有所成就的卖手更累。尽管我们不能断定叛逆者难成大器，但从卖手这个行业来说，叛逆往往是摧毁成就基础的罪魁祸首。

你是一个叛逆的人吗？我需要听到实话：

经过自我剖析，如果你觉得自己就是一个叛逆的人，那么你就该给自己的逆反心理刹刹车了。

4. 有创造力，也常犯个人英雄主义

“80后”“90后”是善于创造的两代人，常常在经营方式、处理顾客疑问等问题上有一些创新的表现。单纯从这些方面来看，这绝对是一个好的现象，能够帮助店铺提高利润、提升自己的气场。不过事情总是具有两面性：这些创新带给你好处的时候，也容易导致你犯一个错误：个人英雄主义。因为你们谁都不服谁，谁都不愿意听从别人的指挥。特别是面对“70后”或者不善创新的领班、店长时，这种情绪更加明显。

卖手，是一个“独立性”相对比较强的工作，你一个人面对顾客、一个人和顾客成交。不过在很多时候，你也得和你的同事配合，比如进行促销活动、进行店铺宣传、进行大型的陈列活动等。如果你犯了个人英雄主义，这种创造力反而会变成你提升气场的障碍。

5. 喜欢自由，常被诱惑

不受约束、喜欢自由也是“80后”“90后”两代人身上比较明显的特点之一。不想被店长管束，也不想被顾客牵着鼻子走……甚至你还希望自己能够不用上班，在家就能轻轻松松把钱挣。也正因为如此，很多人放弃店铺卖手的工作，开始宅在家里开网店，做“集老板和卖手”为一体的工作。

能够获得自由是好事，但好事的背后往往存在诱惑。对于不想被束缚的你来说，放弃卖手的工作而去开网店确实是一个不错的选择，不过你应该想明白：网店真的有别人口中所说的那么好开吗？你有开网店的资源和优势吗？如果没有，我劝你还是尽早死心。

在你投身店铺营销行业的这段时间里，我想你或多或少受过其他事情的诱惑，现在，就好好想想，这些事情背后的诱惑对你的危害有多大吧。

看到这些，或许你会很纳闷：这和我当一名卖手、做好自己的工作有什么关系，了解这些，我就能提升自己的气场了吗？是的。无论是你面对的压力，还是逆反心理，都在一定程度上影响你的气场，决定你是否能够成长为一名优秀的卖手。面对顾客，就是一场自我推销的“秀”，如果你无法深刻地认识自我，扬长避短，你的气场又怎么能够彰显，又怎么能够提升？

无论你是“80后”还是“90后”，既然你已经投身店铺营销这一行，而且你确实想当一名有气场的卖手，就从现在开始、从了解自己开始，慢慢努力吧！征程已经开始，就看你是否有勇气坚持到最后。

第二节 工作累、工资低的困惑

当你成为一名卖手的那一天起，你基本上就和正常的作息时间说“拜拜”了，别人有国家规定的节假日，有双休，再怎么着也有单休。可是你呢？别人休息、度假的时候，却是你工作最忙、压力最大的时候；平常别人工作的时候，你还是得坚守店铺，时刻准备着接待顾客，把商品、服务销售出去。一年365天，你恨不得每天都在工作。

这么累的工作，薪水一定很高吧？说到薪水，你可能又要抱怨了，每个月那么一点钱，根本不够消费，尽管做销售有提成，额度却很低，毕竟店铺老板不会把大额的利润让给卖手，而是留给自己。

情景范例 有钱人都是做销售出身？

小敏的亲戚朋友当中有很多成功人士，他们腰缠万贯，有自己的企业，有房有车，探究这些人的从前，小敏发现一个共同点：做销售出身。

做销售很赚钱，这个念头在小敏心中留下了深刻的印象。毕业之后，一心想要成功的小敏进了店铺当了一名卖手，开始从事销售工作。原本以为会顺风顺水的小敏没有想到卖手并不是一个好工作。不仅工作很累，没有足够的休息时间，而且工资根本就不高，如果遇上销售淡季，提成就很少，除去房租、日常花销等，一年到头根本存不了几个钱。

现在，小敏已经茫然了：卖手真不是人干的活，可是别人又是怎么成功的呢？

工作累、工资低，这是你最常遇到的一个困惑。这是一个困惑，也是你提升气场一个实实在在的障碍。为什么这么说？原因有以下几点：

1. 认定卖手的工作无价值

这是一个用钱来衡量工作价值的社会，同样是工作一天，凭什么别人能够获得高额的报酬，而你却只能卑微地不敢声张自己的收入？在残酷的现实面前，你很难具备“工作不分贵贱”的觉悟，你只会觉得自己不行，没有能力，卖手的工作毫无价值。

情景范例　我真搞不清楚我为什么要当卖手

在某商场当售货员的小李最近颓废极了，原因很简单：他被打击了。那天他参加了大学同学会，发现他曾经的同学现在已经都小有成就，唯独自己，还在贫困线上挣扎。别人问他是做什么的，他都不好意思说当售货员，只能说做销售，其他的他也不敢多说什么，唯恐说漏了嘴，被同学笑话。

“我真搞不清楚我为什么要当卖手，我做个什么样的工作不好？”回到家，小李满肚子委屈地和父母说。此时此刻，在他的心目中，卖手就是世界上最没有价值的工作、最不应该去做的工作。

显然，小李之所以会产生这样的想法，是因为受到了刺激。不过也不可回避一个事实：工作累、工资低的现实已经影响到了人们对卖手这个岗位价值的认定。既然这个工作没有价值，有什么值得留恋的？于是乎，以下几种行为就常常出现：

◎ 工作不够积极；

◎ 在遇到挫折、困难时抱怨连连；

◎ 骑驴找马，在业余时间找新工作；

◎ 抱怨自己没有能力；

◎ 看轻卖手这个工作；

◎ 自卑情绪比较浓厚。

类似的行为还有很多，在此不一一列举。你可以反思一下：在以上这些行为当中，自己占了几种：

____

____

____

显然，在这些行为的影响下，你的气场又如何能够提高呢？爱一个行业、敬一份工作，以主人翁的姿态面对你的顾客，这是提升气场的前提条件之一。真正做到这一点的卖手很少很少，所以真正有气场的卖手很少。如果你从现在开始改变自己、切实提升自己的气场，相信你会成为卖手当中的佼佼者。三百六十行，行行都能出状元，你为什么不努力一把呢？

2. 随时准备跳槽、转行

把卖手这份工作当成一个跳板，是很多人都在干的一件事情。特别是刚从学校毕业的年轻人来说，为了防止陷入“毕业就失业”的困境之中，他们会在毕业前一段时间，到附近的店铺找一份临时工，赚取生活费，美其名曰：实习。

当然，一旦你站在卖手这个工作跳板上，你随时都准备跳槽、转行。因为在你的心目中，你一直认定这不是自己一辈子要做的事情，你是要干大事的。曾经有人做过这样一个调查：把卖手当成第一份工作的大学毕业生占到了总毕业生 53% 的份额，不过真正能够留下来，潜心当个卖手，并把它当成终身职业的人却仅仅有 0.78%，那些把卖手当成跳板的人当中，有 89% 的人认为卖手工作太累、工资太低。三个数字，赤裸裸地反映了一个问题：工作累、工资低的现实已经成为你提升气场的主要障碍之一。

3. 看低自己，认定自己是弱气场之人

在你的印象当中，强气场的人往往都是财大气粗的人。或许这些人是你的顾客，也有可能是你的店长或者老板，总之，这个人不是你，你只是一名小小的卖手，没有地位、没有巨款，更没有一个像样的前途和未来。

如果你是这么想的，确实很可悲，你的气场已经被自卑情绪牢牢笼罩了，让你很难帮到你的顾客、提升你的销售业绩。就像阳光被浓雾迷罩一样，很难

给植物提供充足的养分。

世上没有人能够认定你是一个弱气场的人，除了你自己之外。如果你从一开始就看不起卖手的工作、看不起当卖手的人，那么你的气场就是弱爆了。

看低自己，是你的不对。当你觉得自己深陷自卑漩涡的时候，不妨想象一下，如果成为像乔吉拉德那样的超级卖手，你还会觉得自己是个弱气场的人吗？

给自己一个美好的想象吧！或许可以这样开头：

如果我成为……

____

____

____

第三节 在吃从没吃过的苦

“我从来没有吃过这样的苦……”“父母要是知道我在这里受这样的罪，还不得心疼死……”“如果有第二个选择，我肯定离开这个鬼地方……”

在你的身边，或许有很多人在受到委屈的时候说过类似的话。不要否认，你曾经也是这些人当中的一个。从学校出来、脱离父母的怀抱，你才发现世界真的没有自己想象中的那么好。特别是当你成为一名卖手，每天都得面对顾客的蛮横无理，店长动不动就训斥你，内心彷徨却找不到依靠，内心的委屈无从说起，想要改变却无能为力……你吃到了从来没有吃过的苦头。无论你是家里的小皇帝，还是父母眼中的小公主，此时此刻，你就像一条“丧家犬”，顿时没有了昔日的威风与嚣张。

请原谅我这么形容，我只想告诉你一个事实：在吃苦的时候，你的气场指数接近于零。

情景范例　爱哭的小店员

方琼刚大学毕业，因为还没有找到合适的工作，所以就在店铺里当一名销售员。来工作之前，方琼信心十足，认定自己是大学生，干好卖手的工作非常容易。可是当她真正进入这行的时候，却发现，工作不难，但要想真正做好，并没有那么简单。

上班的第二天方琼做成了第一笔生意，一时激动，她忘记为顾客包装商品，傻傻地站在那里。这一幕正好被路过的店长发现，在顾客走后，店长狠狠地批评了她，甚至说她是“世界上最没用的大学生”。听到店长这么说，方琼委屈地流下了眼泪。就在那天下午，她因为走路过快，不小心碰到了一位顾客的孩子，孩子顿时哇哇大哭。顾客心疼自己的孩子，对她破口大骂。以前在家娇生惯养的方琼哪受过这样的委屈，一下子和顾客吵了起来，随即委屈的泪水又流了下来。

自从方琼当了卖手之后，性格有些脆弱的她恨不得每天都流泪，所以，她被同事私下里称为“爱哭的小店员”。

很显然，案例中的“爱哭小店员”就是一个气场不够，甚至是没有气场的店员。暂且不说这样的店员是否能够长期在“卖手”的岗位上做下去，即便能够做下去，如果不提升气场，不改变“爱哭”的毛病，她的业绩也是不会好的。

由此看来，吃苦，是对气场的一个打击。如果你无法坚持下去，气场指数只会一直在低位徘徊。不过，实际上吃苦也是一个挑战。如果你能改变“吃苦受累”的心态，重新振作起来，气场指数就会直线上升，你就能真正成长为一个气场型的卖手。

吃苦何以从打击变成挑战、契机？且听我慢慢道来：

1. 苦难能磨炼你的心态

苦难的生活不好过，这谁都知道。可是你可能没有体会到一点：当你经历过这些苦难之后，你会发现自己的心态会产生微妙的变化。尽管这种变化可能不是太明显，但至少是有了变化，比如说以下几种：

◎ 看淡金钱、名利；

◎ 没有以前那么浮躁；

◎ 对卖手的工作有了新的理解；

◎ 更加现实地看待人生和工作；

◎ 更加善待你的顾客；

◎ 正视卖手的工作。

苦难就是水滴，而你的心态很有可能就是一块大石板。要想达到“水滴石穿”的效果，没有时间的保障是不行的。说到底，你还是要坚持。当然，坚持之后就是你气场的提升，魅力的提升。

对，坚持，坚持，再坚持。告诉我，你能做到吗？

2. 苦难能让你变得更加成熟稳重

古人常说：一个人如果没有经历过苦难，整个心都是漂浮着的，而苦难就像一根根绳子一样，把你的心给绑缚起来，那么你就会表现得更加成熟稳重。或许对于现在的你来说，缺少的就是成熟和稳重，尽管在年龄上，你已经到了或者快要到而立之年了，可是，没有“而立”所需要的成熟和稳重，请问你拿什么“而立”呢？

卖手的苦难之所以能够让你变得成熟和稳重，原因有两个方面：

第一，经过这些苦难，你会放弃以前那些不成熟的想法和做法，回归现实。这是成熟和稳重的前提条件。

第二，经过这些苦难，你会有一种“阅人无数”之后积累起来的“精明劲儿”，在和别人交往的时候，知道什么样的话该说、什么样的事情该做。人，一旦知道了“行止”之后，就会表现得成熟、稳重起来。

什么是气场？什么是魅力？成熟稳重就是其中的内核，具备了内核，再去装饰表象，不就更简单了吗？

3. 提高你的忍耐度

没有耐性，也是影响你气场的重要原因之一。遇到事情，总是沉不住气，经常和顾客吵架、和店长对着干，甚至和同事成为死对头。请问，这样的卖手会有气场可言吗？没有。

当你真正经历过苦难之后，你不再喜怒形于色，而是沉于内心，积淀在自己的行为之上，达到一种“厚积薄发”的状态。

提高你的忍耐度，对提升自己的气场有以下几种好处：

◎ 不会表现得太冲动；

◎ 善于冷静观察和思考；

◎ 做好准备后再出手；

◎ 懂得琢磨别人的心思；

◎ 根据别人的情绪判断内心需求；

◎ 想问题更注重长远。

第四节 “不行就换”的思维很强烈

“不好做没事，大不了我再换一个工作”，这是很多卖手在选择刚工作的店铺时心中真正的想法，在这些人的心目中，“卖手”是一个自由度相对较高的行业。在其他的企业或者单位上班，无论是上岗还是辞职，都需要层层的批复，手续比较烦琐，而在店铺工作，今天面试，店长点头了可以上班，明天不想干了，干脆都可以不来上班，自行消失即可。

有的店铺为了开展一些活动，还特地找一些临时工卖手，时间一到，这些人自动离职。比如很多店铺在节假日会招一些兼职人员担任卖手，假期结束，这些临时的卖手就会领工钱走人，店铺的营运又恢复正常。

受到几方面因素的影响，“不行就换”的思维已经深深地在你的内心扎了根。以至于很多人已经当卖手好几年，心却一直没有安定下来，还是不停地在这个店铺和那个卖场之间更换工作。

更换工作，这是你的自由，不过在这里我还是要啰唆一句，“树挪死，人挪活”的话可以听，但听多了对你并没有好处。要想提升你的气场，就应该改变“不行就换”的思维，好好做一份工作，好好学习、好好提高。如何改变“不行就换”的思维？可从以下三方面入手：

1. 自问：能换到哪里？

这是当身边的卖手想要更换工作的时候，我问得最多的一个问题。我之所以问这样一个问题，不是想要知道他下一个工作地点在哪里，而是想要知道他更换工作之后是否能获得提高，在哪些方面提高。

更换工作，并不只是换一个工作环境、换一种工作内容那么简单。如果你没有搞清楚自己为什么要换工作、更换工作能给自己提供什么样的帮助，你的换工作行为就是盲目的。

如果你现在也正处在换工作的时候，不妨先慢下脚步，同样问自己这样一个问题：能换到哪里？如果你觉得有些迷惑，不妨使用下面这个表格来帮助你：

比较要素	原来的工作	想要去做的新工作
优势		
劣势		
能学到的东西		
对自己的帮助		
自我能力的体现		
工作挑战度		
薪酬多少		
店长人品		
店铺规模		
同事融洽度		
你的喜爱程度		
周围人的意见		
和你目标的契合度		
气场提升度		
前途		

如果你还想不清楚自己到底是否应该更换工作，就把上面这个表格好好填一下，把新旧工作的优劣势摆在自己的面前，就能一目了然，决定自然也就出来了。当然，表格中的有些项目你可能觉得不好填，因为你还没有去做新工作，对新工作还没有足够的了解。现在教你一个好的办法：找到你的准同事，请他或者她吃一顿饭，好好了解一番即可。

方法总比问题多，只要你有心。事实上，很多工作表面上看起来光鲜亮丽、前途无限，可是当你真正进行细致分析的时候，你会发现，它也不过如此。

2. 把卖手名人当偶像

产生“不行就换”的思维，有一个比较深层次的原因：你看不起卖手的工作。正如我们前面所讲到的那样，你认定这是一个没有价值、没有前途的职业。

是不是如此呢？

如果你频繁地更换工作是因为这个原因，有一个很好的办法能够帮助你：花一天或者一个星期的时间，把你所能够找到的卖手名人找出来，无论是乔吉拉德，还是李嘉诚，甚至是曾宪梓，你都可以把他们的头像贴在你的房间，或者把他们当成你的电脑桌面。这么做只有一个目的：把他们当成自己的偶像，时刻提醒自己：当卖手照样有价值，也有好的前途和出息。

现在，就开始行动吧，把“卖手名人”的名字搜罗出来，写在下面的空格中：

____

____

____

3. 最重要的：看到出路、前途

要想真正改变“不行就换”的就业思维，仅仅靠前面两种方法效果是有限的。毕竟人总有犯糊涂、一门心思想要做一件事情的时候，此时，任何的良言都听不进去。现在，你需要做的就是仔细想一想，找到“卖手”工作的前途和出路，即如果你当好了卖手，做了一个有着强大气场的卖手，你会怎么样？成为一名店长？或者成为世界上收入最高的卖手？抑或开一家自己的店铺成为老板？

这些都是你的前途，你的出路。当然，这种前途还有很多，你可以根据自己的实际情况，好好地思考、判断一番。

____

____

____

第五节 反思：10 年后你在何方？

自从受到《30 年后你拿什么养活自己》这类书的影响，反思也逐渐多了起来。确实，这类反思是有必要的，人不能一辈子懵懵懂懂地生活，更不能毫无目标。特别是对于卖手这个相对来说竞争激烈、吃青春饭的行业来说，多反思一下非常有必要。

或许你在睡不着的夜里想过类似的问题，却没有答案；或许你在和同事胡侃的时候憧憬过 10 年之后的生活，不过你并没有当真，笑笑也就过去了。

现在，这个问题需要严肃地探讨一下了。接着下面的这几个问题，不妨好好地问问自己、问问内心吧。

问题 1：10 年后，你还会从事店铺销售的工作吗？

____

____

____

问题 2：10 年后，你心目中理想的生活是什么样的？

____

____

____

问题 3：10 年后，你会在哪个城市生活？理由是什么？

____

____

____

问题 4：10 年后，你想给家人、孩子什么样的生活？

____

____

____

问题 5：为了达到目标，你需要在这 10 年内做哪些事情？

问题 6：为了做好这些事情，你需要提升哪些能力？

问题 7：10 年后，你希望自己的工作达到什么样的高度？

问题 8：为了 10 年后的工作高度，你需要打下哪些基础？

问题 9：为了实现目标，你需要获得哪些帮助？

问题 10：在这 10 时间里，你需要认识什么样的人？

表面上，有些问题很不好回答，那是因为你没有仔细去思考。你对未来还处在一种混沌的状态之下。找个时间，或者找个朋友一起陪你，把这些问题想想清楚，相信对你提升自己的气场会有很大的帮助。如果这些问题当中确实有一两个你不会回答，也想不清楚，可以先留着，遇到能够给你醍醐灌顶感觉的人时，再请教吧。

2 第二章

"认知疗法"改变你的怯场

面对同样一件事情，在有的人看来，糟糕得不能再糟糕了，而在另外一个人看来，这事很平常，甚至还有好处。为什么会有这样的区别，难道仅仅只是心态不同吗？不，还是因为认知不同。

所谓认知，简单点说就是你是如何理解这件事，如何对自己解释。举例来说，店长对店员要求很高，A 店员的认知可能是：店长很苛刻；而 B 店员的认知可能是：店长是一个负责任的好领导。

同样的道理，很多时候，你之所以会变得怯场，并不是你真的胆小，而是你的内心产生了错误的认知，给了自己负面的影响，自己吓住了自己。要想改变怯场的坏习惯，提升自我的气场，用"认知疗法"是最正确的。简单来讲，认知疗法就是你的情绪和行为是由你的认知决定的，所以想改变情绪和行为，要改变认知。

第一节　怯场，不是态度问题

作为一个卖手，当你第一次站在顾客面前的时候，首先要解决的问题就是怯场。怯场，顾名思义，对当前的销售场合感到胆怯，不敢对顾客推销，也不敢回答顾客提出的问题，甚至连抬头看顾客的勇气都没有。尽管有的卖手生性开朗，平常和人有说有笑，但真正和顾客面对面、做起生意来的时候，多多少少还是会紧张。而对于生性胆小、害羞内向的卖手来说，怯场的情况就更严重一些。

看到店员怯场，许多店长会埋怨说："你怎么这么笨，这么简单的一件事情都做不好！"很显然，店长这样的埋怨是不公平的，因为怯场并不是店员愿意发生的，很多时候也不是他的主观能够控制的。说到底，这不是态度问题，怯场有怯场的原因，如果没有找到原因而胡乱去改变，效果甚微，甚至还会适得其反。

回想一下，导致你怯场的原因是什么呢？

____

____

____

经过我长时间的跟踪观察和总结，产生怯场的原因主要有以下几点：

1. 对销售工作、环境不熟悉

当你身处一个陌生环境、从事一份陌生的工作时，"不顺手"的情况就会出现，而这种"不顺手"往往会引起"不顺心"，让你觉得对眼前的事情无法把握，从而出现恐慌、害怕、紧张的心理，这就是典型的怯场。这也是为什么很多卖手在一个店铺工作得很好，被调往另一个店铺之后，销售业绩却大幅下滑。

情景范例　**"金牌卖手"也会怯场**

王希是某连锁店铺北京分店的一名卖手，最近一个月，因为业绩突出，跻身全体卖手业绩前三名，被总店评为"金牌卖手"。王希的销售业绩有目共睹，她当选金牌卖手，谁都不敢有二话。就在王希当上金牌卖手一个星期之后，总店发来调令：因为成都一家分店销售业绩低迷，总店决定派她前去"助阵"，帮助成都分店的店长把业绩提上来。

有王希前来帮忙，成都分店的同事们情绪高涨，准备大干一场。可是令他们没有想到的是，王希的表现并不令人满意，不仅频频出错，而且在和顾客交流的时候，竟然产生了紧张、不安的情绪。特别是当她和不会说普通话的成都市民交易的时候，怯场的情况更加明显。

最终结果可想而知，成都分店的业绩并没有获得提升，金牌卖手王希不得不灰溜溜地回到北京分店。

如果你身边也有王希一样的卖手，请你一定要告诉他：这不是你的错，你没有必要为此而感到不安，因为你的怯场是对环境的不熟悉所导致的，和你的销售能力无关。相信王希在对新的销售环境、销售工作熟悉之后，依然可以做金牌卖手。

2. 害羞、内向的性格

这一点很好理解，性格内向、容易害羞的人甚至很难在别人面前说出一句完整的话，又怎么能够做好卖手的工作，站在顾客的面前自如地推销呢？如果你是这样的人，我并不建议你去当一名卖手，因为要想改变自己，真的没有想象中那么简单。不过，在此我还是要告诉你一点：你很有可能是伪害羞、伪内向的性格。

什么意思呢？即你的性格不是真正的内向害羞，而是因为某些事情而表现成害羞、内向的情况。比如在一次交际失败之后、在朋友面前出糗之后、被交往对象羞辱之后，原本开朗的性格隐藏起来，以一副害羞、内向的性格示人。

如果你是这种情况，问题很好解决，改变自己的认知。你完全能够当一名不怯场的卖手，优秀的、有气场的卖手。具体该如何改变自己的认知，下面的内容会说到，请阅读相关的章节。

3. 害怕说错话遭遇耻笑

"我根本不知道该怎么说！""万一我说错话了怎么办？""顾客会不会笑话我啊？"毫无疑问，要想做一个有气场的卖手，把话说好是最基础的。可是正因为如此，很多人开始担心，如果自己说不好话，该怎么办；如果因为没有说好话而遭到顾客耻笑，又该怎么办？他们给出的假设很多，结果却只有一个：自己吓唬自己，导致自己还没有开始和顾客交流，就被吓倒了。

情景范例 **怕说错话？那就当哑巴好了**

心怡是店铺刚来的卖手，店长把她分给了老卖手王艳当徒弟，希望王艳能够带带她，好让她早日独立走上工作岗位。王艳是一个业绩很不错的卖手，她对带心怡很有信心，可心怡却表现得非常胆怯，一点都不配合。

第一次站在货架前，面对走过来的顾客，王艳要求心怡上去搭讪，问问顾客想要什么，看看能不能帮忙，心怡却脸红心跳地跑开了。等顾客走后，王艳找到心怡问她为什么不去和顾客说话。

王艳："看见顾客为什么跑啊？怎么不和他说话？"

心怡："我不知道说什么好，我怕万一我说错话了遭到他们的耻笑，我才不要丢人现眼呢。"

王艳："你不说话怎么推销商品？你不说怎么就知道自己会说错？"

心怡："我就是怕说错话，我……"

听到这里，王艳有些气急败坏："怕说错话，那就当哑巴好了。"说完，头也不回地走了，留下心怡一个人呆呆地站在那里，满脸委屈。

要想做一个有气场的卖手，说话这一关是一定要过的，如果你真的和案例中的心怡一样，害怕因为自己说错话而遭到顾客的耻笑，有一个很好的办法可以帮助你：不管三七二十一，往外说。只要说得不是太离谱，就没事。即便说错了，一个简单的"对不起"就可以解决。

另外，你还可以使用介绍式的语言开场。比如"这个商品是什么、哪里产的、有什么样的特点、价格是多少等"，只要你开口说，慢慢地，也就习惯了，忘记了胆怯。

4. 无法面对顾客的拒绝

推销的目的就是说服顾客购买商品，完成销售。可是哪有推销不遭到顾客拒绝的呢？即便是销售天才乔吉拉德，也不得不面对顾客的拒绝。

道理很简单，可有的卖手就是不能接受，也无法面对顾客的拒绝。一旦遭到拒绝，就不敢再开始第二次推销。无法面对顾客的拒绝，可能是心理素质太差，也可能是对自己的要求太高。不管是哪一种，结果都一样：如果你无法改变这种情况，连做一个卖手都会很难，更不用说做一个有气场的卖手了。

要想改变这种情况只有一种方法可以使用：不停地开始推销，无论是谁拒绝了你，无论有多少人拒绝了你。

记住了吗？开始不停地推销。

第二节 改变怯场，从改变认知开始

前面一节我们已经说到：怯场，不是态度问题，既存在主观的原因，也存在客观的原因。那么是不是要想改变怯场的情况，就得改变这些主客观的原因呢？不是，那样不现实。唯一可行的方法就是改变自己的认知。

要想搞清楚事实、认知和怯场行为三者之间的关系，我们不妨用一个图示来表示：

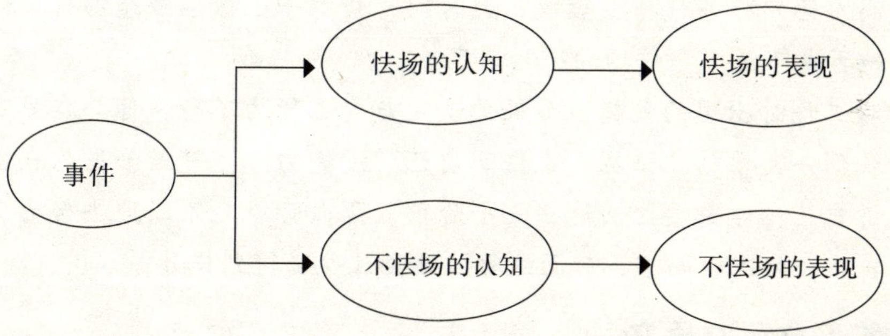

套用一句话：你无法改变世界，但你可以改变自己。你无法改变所有的事件，但你可以改变自己对这些事件的认识和理解（认知），怯场的表现自然能够得到缓解。这就是我们今天要和大家讨论的“认知疗法”。

是不是觉得这种疗法理论性很强？没有关系，我会让你明白其中的内涵。

1. 我能力不行

“能力不行”“做不好”“无法完成”是很多卖手怯场时常常给自己找的借口。与其说这是借口，不如说是“退堂鼓”。一旦你的内心产生了这些想法，就会心安理得地选择放弃，把自己放在幕后。

那么，真的是你能力不行，没有办法做好自己的工作吗？不一定。这很可能是你的认知在欺骗你。

情景范例 **面对新工作出了差错**

小徐是刚到店铺实习的年轻卖手，对店铺的一切都很陌生，不知道该如何招呼顾客，也无法确切地了解所有商品摆放的位置。陌生，容易导致出现差错，小徐也不例外。在她为顾客包装商品的时候，不仅把包装台上的东西弄得乱七八糟，掉得满地都是，而且还拿错了商品的型号，惹得顾客抱怨连连。简单的一件事情，却弄得“满店风雨”。

怯场的认知——“我能力不行，我做不好这样的工作。”于是从第一天开始，小徐就认定自己不是做卖手的料，一直到实习结束，她都这么认为。她度过了一个灰色的实习期，甚至认定实习就是在浪费时间。

改变后的认知——“这是难免的，谁都要经历这个阶段。”在这种心态的引导下，小徐没有放弃，更没有气馁，而是抓紧一切时间熟悉店铺的一切，努力提高自己的服务技巧。短短三天时间，新卖手小徐已经能够自如地应付顾客，她再也不是那个怯场的小姑娘了。

面对工作时出现的差错，如果你认定是自己能力不行，你会在接下来的工作中找到一大堆的“证据”来证明自己“没能力”。可是如果你在出现错误时告诉自己：谁都要经历这么一个阶段，那么你就会不断地去努力、提高自我。自然，相比较而言，后面这种做法会让气场得到提升。

2. 我不敢面对顾客

有些顾客对为他们服务的卖手很不友善，也有的顾客喜欢把不良情绪发泄在卖手身上……面对顾客的不礼貌，很多卖手选择了退缩，最后是放弃，埋怨自己。

当你觉得自己不敢面对顾客的时候，什么样的认知才是正确的、有气场的呢？

情景范例 **顾客吼我了**

某店铺的卖手图敏，一直以来兢兢业业，以良好的态度服务于顾客。可是她的良好态度并不一定能够换来顾客的感谢，相反，有些情绪不好的顾客认定她是一个好欺负的人，便随便把她当成出气筒，不懂得尊重她。记得有一天，她面带微笑地为一个顾客服务，谁知道这个顾客突然站起来对她吼道：“笑什么笑？像个傻子一样，有什么好笑的？”一时间，图敏不知道该如何回答。

怯场的认知——“我是不是很招人烦啊，明天顾客还会不会吼我？”在这种认知的引导下，图敏在面对顾客的时候，开始变得胆战心惊起来，而正因为她的不自在、怯场，遭到顾客的吼叫就越来越多。

改变后的认知——“这不是我的不对，是顾客的不对，应该感到害羞的是他，而不是我。”所以，图敏还是一如既往地用微笑对待顾客，不久之后，她就成了一名有气场的卖手，受到了店长的表扬。

顾客对你不礼貌，你没有必要把别人的错归结到自己身上，影响自己的情绪和气场。尽管现在对你来说，改变这种认知还有点困难，不过如果你能坚持这么想、这么做，很快就会看到效果的。

3. 我个性不好

毫无疑问，个性不好的人，比较难以成为一名好卖手。不过，这并不意味着你能够利用这个理由打退堂鼓，直接放弃努力。事实上，有很多有气场的卖手性格并不开朗乐观，但他们善于以诚待人，把顾客当成自己的朋友和亲人，同样赢得了顾客的青睐。

情景范例　我是一个内向的孩子

生性内向的萧岗想要去一个店铺应聘卖手，以此来挑战一下自己，顺便让自己变得开朗一些。可是在和负责面试的店长简短地说了几句话之后，店长告诉他：“你是一个很内向的人，你觉得自己适合做卖手吗？”

面对店长的发问，萧岗该如何理解和回答？

怯场的认知——“我个性不好，我不适合当卖手，所以以后就死了这条心吧，如果有机会，我还是做幕后好了。”在这种认知的引导下，萧岗越来越内向，越来越没有自信。

改变后的认知——“谁说个性内向的人就不能当卖手了？只要对顾客以诚相待，真心诚意地为他们服务，我想不需要多少语言，就能感动顾客，同样能够获得很高的业绩。”事实证明，萧岗的话是正确的。短短的半年之后，萧岗就成了店铺的“气场卖手”。

其实很多时候我们都进入了一个误区：靠自己的个性去影响顾客。尽管这种方法有一定的实用性，但我们知道，真正能够影响顾客的，除了你开朗的个性之外，最重要的是你的诚心、你对顾客的爱和付出。

4. 我说服不了顾客

说服不了顾客、怕被顾客拒绝也是很多卖手产生怯场的原因之一。从表面上看，当卖手就是要说服顾客购买自己的商品。可实际上并不是如此。顾客是不会被卖手说服的，他们会被商品的品质说服，也会被自己说服。所以，当你以“我无法说服顾客”的理由而怯场的时候，就应该想想，是不是应该打自己一个嘴巴呢？

情景范例 **我嘴笨，能行吗？**

因为店里最近要举行一个促销活动，需要大量的人手，可是在短时间里能够招聘到的人手非常有限，无奈之下，原先负责物流的小刘被店长推到了一线，当了一名卖手。可是上班的第一天，小刘就怯场了，他问店长：“店长，我这个人嘴笨，我能行吗？”

怯场的认知——“嘴笨，说明我说服不了顾客，说服不了顾客就产生不了业绩，所以我不是一个有气场的卖手，甚至连一个及格的卖手都不是。”一直怀着怯场心理的小刘，发现自己果然不是当卖手的料，一天下来，一件商品都没有卖出去。

改变后的认知——“销售不是靠说服的，如果你没有好的商品、高质量的服务，再好的口才也无法说服顾客前来消费。相反，即便你什么话都不说，顾客照样会找上门来。”想到这里，小刘自信满满地开始了卖手的工作。一天下来，业绩良好。

5. 我得不到尊重

做卖手，除了很容易遭到顾客的训斥之外，还非常容易遭到顾客的耻笑。比如当你说错话的时候、拿错商品的时候、不懂装懂的时候……特别是当你为了把商品卖出去而出糗的时候，耻笑更是铺天盖地。

面对耻笑，心理素质好的人可能觉得没有什么，而对于脸皮较薄的人来说，就很有可能产生怯场的情况。其实，这也是认知的问题，改变认知，脸皮就能变“厚”。

情景范例 害怕说错话的卖手

每次和顾客交流的时候，卖手王静总是表现得异常谨慎，无论顾客问她什么样的问题，她都要思考一阵子才回答，以至于有的顾客因为等得有些不耐烦而掉头离去。也正因为如此，王静的销售业绩总是不太好，店长问她为什么要这样，她回答：“我怕说错话遭到耻笑。”

怯场的认知——“遭到耻笑我就完蛋了，以后不仅顾客会嘲笑我，连我的同事也会耻笑我，我再也抬不起头了，所以为了保险起见，我还是说慢点、少点比较好。”

改变后的认知——“不说出来怎么知道是对还是错？如果是错，下次不这么说就行了。再说了，有的顾客觉得我说错了，有的顾客却不这么认为，何必这么拘谨呢？”

其实从上面这个认知的对比当中，你就会发现一点：改变认知，就会改变自己对事情的认识，也会帮助我们改变销售心态，提升销售气场。从这个角度来说，怯场，不是态度的问题，而是认知的问题。只要改变认知，怯场的情况就能得到缓解或者去除。

第三节 你选择什么样的认知？

面对一件事情，认知就像一个分流器。如果你的认知是偏向怯场的，那么认识事情的结果就是怯场。相反，如果你的认知是偏向理性、自信的，那么怯场的情况就不容易发生。选择什么样的认知，将决定你有一个什么样的结果。

我们该选择什么样的认知？决定权在你手上。说到底，你得引导自己选择合适的、正确的认知，这样才能给自己一个合理的、积极正面的解释。这不是欺骗自己，而是引导自己进行良好的思考，从而帮助自己提升气场。

在你遇到怯场的时候，什么样的认知是可以选择的？

1. 积极、正面的认知

这一点是不用多说的，在你觉得怯场的时候，不要总认为是自己不对、能力不够、做得不够好、不够细心……这些负面的认知不仅会让你变得更加容易怯场，还会让你变得不自信，这对气场的提升是一个不小的打击。

哪些是积极正面的认知呢？

◎ 注重客观事实的认知。比如，你告诉自己“这是正常的现象，因为我还没有适应这份工作，一旦适应了，这种情况就会消失，所以我得努力……”

◎ 能够肯定自我的认知。比如，你告诉自己“到现在为止，我做得很好，说不定很多人做得还没有我好……”

◎ 彰显自我优势的认知。比如，你告诉自己“不要紧，我的优势是能够对顾客诚信相待，我一定能够做一个有气场的卖手……”

◎ 正面思考问题的认知。比如，你告诉自己“做任何工作都会有一段时间的不习惯，慢慢地就会好了……”

◎ 能够提升自我的认知。比如，你告诉自己“怯场说明我需要提高，需要锻炼自己，不妨抓住这个机会，好好让自己成长吧……”

◎ 能够鼓励自我的认知。比如，你告诉自己“加油，你一定行的，只要你突破了这一点，你就能获得成功……”

除此之外，你觉得还有哪些认知是属于积极正面的认知呢？把它们一并记录在此吧：

____

____

____

2. 让内心平静的认知

怯场，有很大一部分原因是因为紧张。如果你的认知没有选择好，很容易火上浇油，让自己变得更加紧张，更加无所适从。一旦出现这种情况，基本上就干不好卖手的工作了，气场指数顿时跌到零点。

面对怯场，你应该选择能够让内心平静下来的认知，而不是加速自我紧张的认知。比如说以下几种：

◎ 能够安慰自己的认知。比如，你可以告诉自己“没事的，这个差错不值一提，下一次我一定做得更好……”

◎ 看轻不足的认知。比如，你可以告诉自己“这是我身上一点小小的不足，只要多加练习就能克服……”

◎ “小看后果”的认知 。比如，你可以告诉自己“再怎么着，怯场也不是大毛病，总比那些人欺骗顾客来得好吧……"

除此之外，你觉得还有哪些认知是属于能够让自己内心平静的认知呢？把它们一并记录在此吧：

____

____

____

3."关注他人"的认知

很多卖手在发生怯场情况的时候，往往把注意力放在自己的身上，比如"我不行""是我不对""我不应该……"等。实际上，换一种认知方法可能会帮助你解除怯场的情况，那就是把注意力放在别人的身上，比如顾客身上、同事身上或者店长身上。

具体来说，有以下几种：

◎认定顾客也怯场的认知。比如，你可以告诉自己"顾客其实也是怯场的，我没有必要把自己的怯场表现出来……"

◎"推卸责任"的认知。比如，你可以告诉自己"导致我怯场的不是我能力不足，也不是我信心不够，而是顾客的不礼貌，我没有必要理会他……"

◎横向比较的认知。比如，你可以告诉自己"如果遇到这种情况，我的同事可能也会和我一样怯场，所以我没有必要自卑……"

◎关注店长成功的认知。比如，你可以告诉自己"店长以前也肯定经历过怯场这个阶段，他能成功，我也一定能成功……"

除此之外，你觉得还有哪些认知是属于"关注他人"的认知呢？把它们一并记录在此吧：

____

____

____

第四节 改变你的“怯场自动化思维”

尽管大部分卖手第一次面对顾客的时候都会有怯场的感觉，不过有的卖手很快就能适应这种工作，第二次或者第三次面对顾客的时候，怯场的感觉就会消失。可是还是有一些卖手无法做到这一点，不仅如此，他们还陷入了更深的恐慌之中。“一想到要面对顾客，我就大脑一片空白，觉得紧张……”“只要往售货台前面一站，我就觉得自己头都抬不起来了，不知道是为了什么……”

“想都不想就怯场”就是这些人典型的表现，他们根本没有思考自己是不是会怯场，而是一见到顾客就觉得没底气。请问，你是否也曾出现过类似的情况呢？如果你就是属于这种情况，那么很显然，你的内心已经被“怯场自动化思维”占据了。

什么是“怯场自动化思维”？简单点说：你的行为和你的认知之间已经失去了联系，不管你使用什么样的认知，你都会觉得怯场，甚至反过来否认自己的认知，或者干脆认知都不存在，这就是“想都不想就怯场”的原因。

改变这种思维对于“想都不想就怯场”的你来说非常有必要。如何改变呢？

1. 理性地面对、思考问题

这是大家最熟悉的，一般来讲，也就是通常说的你有意地思考时产生的认知和想法，此时因为你有意在思考，所以自然可以觉察到。比如琢磨一下这个问题是怎么发生的、是不是自己的问题、如果不处理会出现什么样的后果等。

看到这里，可能你会抱怨：“在那个时候，我因为怯场连站都站不稳了，还怎么理性地思考问题？”在这里，我教你一个好办法：暂时撤退，去趟洗手间或者假装喝口水，转身去招呼另外一个客人……都能给你足够的时间来理性地思考问题。

2. 改变直觉、习惯性的思维

在和顾客相处的时候，会有很多事情让你有直接的反应，比如顾客拉着脸问你：“你们这就只有这些货吗？”你的直接反应是：顾客心情不好，不要惹他，简单回答就行；顾客说要找店长，你的直接反应是：这个人估计要去店长那投诉我……这种反应就是你的直觉、你的习惯性思维。

现在，要改变这种思维，在你遇到事情的时候，除了有直接反应之外，还应该想想其他的可能性。比如顾客拉着脸问你，除了他可能心情不好之外，还有另外的可能，比如他也是一个内向的人、他感觉有些不自在等；顾客要找店长，也不一定就是要投诉你，还有可能他是店长的朋友，来购物顺便找他叙旧的……

事情的可能性很多，在你搞清楚真相之前，不要过分相信自己的直接反应，否则就中了习惯性思维的套，让你变得习惯性怯场了。

情景范例　我是你店长的妈

小培是刚来店铺不久的新卖手，性格内向加上对卖手工作不熟悉，怯场比较严重。这不，她最近因为自己的怯场还闹出了一个笑话。

那天小培接待了一个女顾客，穿着打扮都比较时髦，在一堆中年女性的衣服前面挑来挑去，一会儿要试穿这件，一会儿要试穿那件，搞得小培心里有些不舒服。就在小培为她准备第10件试穿衣服的时候，突然一个不小心，把衣架砸在了这名女顾客的脚上，吓得小培又是道歉，又是给她搬凳子。原本怯场的她更加慌乱了。

更让她紧张的事情发生了：这名女顾客在凳子上休息了一下之后问小培：“你们店长呢？”

“叫店长，她不会是要投诉我吧？”一听这话，小培的内心就犯嘀咕了，“这可是我第一份工作，我可不能因为这件小事就丢工作。”越想越委屈的小培竟然情不自禁地流下了眼泪。这下该轮到那位女顾客迷糊了，她看了看小培，然后突然笑了说：“小姑娘，不要害怕，我不是要找店长投诉你，我不会这么没有度量的，再说你又不是故意的，我是你们店长的妈，我让你们叫他出来，给我找件合适我穿的衣服。”

“店长的妈？！”小培又惊又喜。

看完这个故事，整个就是一出闹剧。从这个故事当中你可以看出一点：你的直觉、习惯性思维很有可能是错的，它们是导致你怯场的重要原因之一，现在你得改变这种思维。

3. 改变面对顾客的"核心理念"

"顾客都是刁钻、不好伺候的""他们总是动不动就找店长投诉""越是有钱的顾客越难伺候""顾客没有一个是让你省心的"……

在工作当中，你是否听过同事们这样评价他们所遇到的顾客。或者在你的心目当中，对顾客也有类似的评价？暂且不管这样的评价是不是中肯，有一点是肯定的：这些卖手面对顾客的"核心理念"是不正确的，如果按照这种"核心理念"去面对顾客，很容易产生怯场的情况。

所谓"核心理念"是指你对顾客最核心的看法——顾客是好的还是坏的。如果你的核心理念和同事们一样：顾客都是坏的，那么当你面对顾客的时候，就会不由自主地感觉到这种"坏"，并因此而产生一系列的担心，担心多了，怯场也就发生了。

相反，如果你的"核心理念"认为顾客都是好的，你在面对顾客的时候，就会放下戒备和防卫，像对待朋友家人那样对待顾客，又怎么会产生怯场的情况呢？改变"核心理念"，改变你看待顾客的眼睛，最终改变你怯场的情况、提升你的气场。

我的方法运用起来并不轻松，需要坚持，需要毅力，但是确实有效。如果你想轻轻松松改变自己、提升气场，抱歉，我让你失望了。但是如果你愿意付出努力，那恭喜你，找到正道了！

3 第三章

以更有气场的方式表达

表达，是卖手推销商品一个不可分割的重要组成部分，将直接决定卖手身上气场的强弱。或许，你从某本书或者某个人的嘴里听到“表达就是说话这么简单”的言辞，我建议你立刻忘记。表达，不仅仅是说话那么简单，而且还有更多的要求和技巧需要讲究。

那么什么样的表达是有气场的表达呢？如何做才能让自己的表达更加有气场呢？这就是本章要讲述的内容。如果你觉得自己还是一个不善表达的卖手，或者你觉得自己在表达上还可以变得更有气场一些，不妨从现在开始，好好学习一番。

第一节 你的表达可能是弱气场

自从做了一名店铺的卖手，或许你觉得自己一直都在说话，一直都在向顾客表达自己的想法，甚至你还有可能认为自己已经做得很好了，没有必要再进行提高。

且慢，你的盲目自信会让你身上的气场一点点消失。为什么我说你是盲目自信呢？因为你的表达很有可能属于弱气场。

看到这里，很多卖手就会觉得好笑：我说话的声音很大，很有气势的，我怎么可能是弱气场？气场强弱，和你说话的声音大小没有关系，和你气势的高低也没有关系，它只和“顾客契合度”有关。如果你表达出来的意思没有和顾客内心的需求达到一种契合，这样的表达就属于弱气场。相反，如果你表达的意思很能打动顾客，甚至发掘顾客身上未曾发掘的潜力、需求，毫无疑问，你的表达属于强气场。

气场的强弱，你自己说了不算，得看顾客是否点头。下面，不妨跟我来检测一下，你的表达到底属不属于弱气场。属于弱气场的表达有以下几类：

1. 羞臊型表达

有些卖手生性比较羞涩，无论怎么努力，都很难大方地面对顾客、回答顾客提出的问题，采取少说或者不说的策略，这样的表达方式就属于羞臊型表达。当你和羞臊型性格的人聊天时，你会发现你们之间的交流存在两个问题：

第一，冷场。两个人之间说着说着就没有话题了，接下来就是沉默。显然，如果是在交易场合，大多数顾客会选择离开，而不是想方设法继续彼此之间的谈话。这样的表达，很难真正打动顾客，无法促进店铺的销售和自我气场的提升。

第二，你无法了解他内心真正的、全部的想法。话说得太少，一个直接的影响就是意思无法表达清楚和完全。和经常“话说一半”的人交流，你很难知道他到底想要表达什么意思，也无法猜测他全部的想法是什么。同样，如果这是在交易场合，顾客大多数情况下也会选择离开，因为和这样的卖手交流，实在太累。如果没有十分的必要，他们会选择另外的店铺消费。

要想衡量一下你自己是不是属于羞臊型的表达，看看是否有下面的几种情况即可：

◎ 和顾客交流，会莫名地紧张而不知道说什么；

◎ 尽管刚才已经将“台词”记得很牢，但真正要说的时候还是语无伦次；

◎ 刚开始很顺利，一遇到顾客发问，就不知道如何应付；

◎ 常常有脸红、心跳、紧张的表现；

◎ 不由自主地低下头，就像自己犯了错；

◎ 想要快速结束交易，以便让自己放松；

◎ 一想到要开口说话，会无缘无故紧张；

◎ 总是在想自己是否会说错话。

如果你和顾客交流的时候，存在以上两种或者两种以上的情况，说明你的表达属于羞臊型，这样的表达，让你的气场在无形之间遭到削弱，而你对此却毫无知觉。想想看，是不是有一种冤得慌的感觉呢？

情景范例　**害羞的秦丽**

秦丽是一个非常害羞的卖手，从工作的第一天开始，同事们就发现了这一点。每当她为顾客服务的时候，总是止不住地脸红。加上说话声音很小，顾客往往要询问几次才能听清楚。如果顾客声音再大一点的话，秦丽就会出现明显的紧张和不安，害怕得罪了顾客。每当看到这种情况，同事们都会为她捏一把汗：秦丽这么害羞的性格怎么会选择当一名卖手的呢？

有一次，害羞的秦丽遇到了一个非常刁钻的顾客，她先是要秦丽帮忙选择一个商品，秦丽照做了。可是顾客对秦丽选择的商品并不满意，又指示秦丽去拿另外一个款式，秦丽也照做了。这本来并没有什么，可是没想到的是，在秦丽第五次拿着商品出来的时候，那个顾客突然发起了脾气，对着秦丽大声吼了起来：“你怎么这么笨哪，一点眼光都没有，我不是说我要××的吗，你没有听到吗，你耳朵有问题吗？……”

本来就害羞的秦丽突然遇到这种情况，立刻傻眼了，呆呆地站在那里不知道该如何是好。好在秦丽的同事及时走了过来，非常客气但是却又非常严肃地对顾客说：“这位小姐您好，我们这里的商品是可以试用的，您完全可以自己去试用，如果您有什么特别的需要，可以告诉我们，我们一定尽力！”那位女顾客见此情景，匆匆选择了一个款式灰溜溜地离开了。

显然，案例中的秦丽的表达就属于羞臊型的表达，而相比之下，她的同事就显得有气场很多，不仅能够有礼有节地回绝顾客的要求，而且还能让顾客知道自己的错误，及时改变自己的态度。

2. 啰唆型表达

在我们进入一些店铺准备消费的时候，很容易遇到一些卖手，非常健谈，拉住你不停地说，又是为你介绍商品，又是和你拉家常、套近乎……在整个交流过程中，顾客根本就没有说话的余地。

如果说羞臊型表达是因为说得太少、不到位而显得没有气场的话，那么啰唆型表达的问题则是说得太多、太滥。原因很简单：过犹不及。说得太多，容易引起顾客的逆反心理，从而导致交易失败。啰型表达常见的有以下几种表现：

◎ 喜欢拉住顾客不停地说；

◎ 不停地为顾客介绍商品，不管顾客是否喜欢；

◎ 交易时常说和商品、交易无关的话题；

◎ 容易引起顾客的反感；

◎ 习惯性贬低竞争对手；

◎ 拿别人的事情说事，比如隔壁店铺卖手的事情；

◎ 有着“自来熟”的性格；

◎ 同样的一件事情反复说；

◎ 不知道哪些话该说哪些话不该说。

不管你自己是不是属于啰唆型的卖手，但我敢肯定你一定听过或者见过此类人，甚至因为他们的啰唆，现在对他们还有着深刻的印象。想想看，他们的啰唆还有哪些“精彩之处”呢？把它们写下来，有则改之，无则加勉吧！

____

____

____

3. 不尊重顾客的表达

尽管很多卖手每天嘴里都在说着一句话：顾客就是上帝，可是当他们真正面对“上帝”的时候，却表现得很不尊重，给人一副“拒人于千里之外”的感觉。显然这样的表达不仅无益于店铺的销售，而且也不利于卖手自身气场的提升。

不够尊重顾客的表达，常见的有以下几种表现形式：

◎ 说一些带有侮辱性的话；

◎ 说一些带有歧视性的话；

◎ 和顾客交流的时候眼睛看着别处；

◎ 以无所谓的态度和顾客交流；

◎ 言辞之间认定顾客不会购买；

◎ 言辞之间透露出傲慢的神态；

◎ 顾客询问时坐在椅子上不站起来；

◎ 眼睛盯着电脑屏幕不抬头；

◎ 顾客出错时对顾客发火；

◎ 顾客决定不购买时立刻转身；

◎ 说话时一副冷冰冰的态度；

◎ 和顾客嬉皮笑脸；

◎ 和顾客乱开玩笑。

以上几种都是不尊重顾客的表现，这样的表达自然是不够有气场的。如果你想成为一名善于表达、气场强大的卖手，千万要注意这几点，真正把顾客当成上帝，尊重顾客就是尊重你自己，就是尊重你的气场。否则，你就很有可能像下面案例中的卖手一样，被顾客鄙夷。

情景范例 **这衣服很贵的，碰脏了……**

临近春节，冯女士在女儿的陪伴下逛街，来到某品牌服装专卖店，想要给自己买一件衣服。很快，她们就看中了挂在橱窗边上的一套衣服。为了能够看清这套衣服的款式和质地，冯女士想都没有想，就把它拿下来看了看，看罢之后还想去试穿一下，如果合适就此买下。

可是就在她们准备去试穿的时候，一个卖手从后面钻了出来，对着冯女士母女不冷不热地说了一句："这衣服很贵的，摸脏了……"尽管卖手的后半句话没有说出来，但冯女士母女还是明白了卖手的意思："这衣服很贵的，摸脏了你们赔不起。"

气不打一处来的冯女士很快和卖手起了冲突，并且叫来了店长评理。店长给她们道了歉，而且当场辞退了这名卖手。原来，这名卖手已经犯这样的错误很多次了，严重影响了店铺的形象。

4. 情绪化的表达

情绪，每个卖手都会有，但并不意味着要在交易的时候表现出来。一次有气场的交易应该具备理性、到位的态度，有条理、有目的地为顾客解决问题。在这个过程当中，卖手自身的情绪不应该掺杂其中。比如因为某件事情喜悦而欢呼雀跃，因为某些事情不开心而乱发脾气、情绪低落、暴躁、爱搭不理等。在交易的时候表现情绪，只能表明你是一个情感丰富的卖手，并不能说明你是一个有气场的卖手。情感丰富和有气场，这是两码事，你得分清楚。

拒绝情绪化的表达，你或许需要做到以下几点：

◎ 说话时尽量客观公正；

◎ 控制好语速和语调；

◎ 不要面带怒气；

◎ 选择用词，以免引起误会；

◎ 不要暗含贬损；

◎ 切勿指桑骂槐；

◎ 拿物品时要轻拿轻放；

◎ 待人接物要礼貌周到。

作为卖手，心里有情绪自然需要宣泄，但请不要在面对顾客的时候宣泄。提升自我气场，拒绝情绪乱“喷”。切记、切忌。

第二节　把顾客当成你的家人对待

如果你问一个卖手：“为什么你和顾客说话的时候表现得那么冷冰冰，我记得你是一个很热情的人呀？”或许卖手会这样回答你：“我又不认识他，凭什么要对他们热情呢？”

是的，在你接待过的顾客当中，十之八九都是陌生人，你觉得没有必要对他们热情，因为你付出了热情，顾客也不一定会记得你。暂且不说这名卖手是不是没有意识到回头客的重要性，更重要的是他不懂得“把顾客当成家人对待”是一件非常有气场的事情。请问，你意识到这一点了吗？

卖手在和陌生人交流时，往往会有以下几种障碍存在：

第一，无从切入，不知道该和对方交流一些什么。这一点你可能也感同身受。当你突然和一个陌生人站在一起的时候，你根本不知道要和对方说些什么，除了“今天天气不错”“北京这个地方真是太堵了”之外，没有更多合适交流的话题。没有交流，就意味着彼此之间的距离是很远的，要想做成生意并不是很简单。相反，如果和你站在一起的是你的家人或者很熟悉的朋友，你们彼此之间的交流就很多，完成交易的可能性也会获得大幅提升。

第二，有所保留，无法做到彻底、到位、充分的沟通。为了不得罪顾客，卖手不可能说太多的话，而顾客为了保持自身的“架子”，也不会主动把自己的“底牌”亮给卖手，这样一来，彼此的交流之间隔着一层厚厚的隔膜，无法彻底、到位。

把顾客当成自己的家人来对待，说起来容易做起来难。难是难，不过还是可以完成的，做到以下几点即可：

1. 使用“如果我是顾客，我会……”思维

作为一名卖手，你可能很自然地站在自己的角度来思考问题，而很少去想“如果我是顾客，我会……”的问题。很显然，卖手以卖手的思维来做交易，而顾客以顾客的思维来做交易，做同样一笔交易，却有两种不同的思维存在，这样的思考方式对交易结果很不利。

现在，要改变这种情况，你和顾客之间必须有一个人改变思维方式。这个人是谁？顾客吗？不现实。所以你得主动改变，以“假如我是顾客，我会……”的思维来思考问题。比如面对顾客挑选商品时，你不再单纯地站在卖手的角度胡乱推销，而应该站在顾客的角度，想一想“如果我是顾客，我觉得哪种商品是最适合我”的问题。这样想有一个非常大的好处：你所推销的商品和顾客的需求之间契合度最高，交易的成功率也最高。

业绩提升，直接帮助你提升气场。既然你要学会为顾客考虑问题，以下几点是你必须要做的：

◎ 通过短暂交流，大致了解顾客的需求；

◎ 通过自己的想象，进一步推断出顾客的需求；

◎ 根据店铺商品情况，给顾客适宜的商品推荐；

◎ 根据顾客的反应和回馈，调整商品的推荐；

◎ 摈除“多赚顾客钱”的想法；

◎ 不要有“宰客”的想法和行为。

为顾客考虑问题，还有哪些方面的因素需要你去思考呢？

____

____

____

2. 切实帮助顾客解决问题

“我们要为顾客解决问题”“顾客的问题就是我们自己的问题”“解决解决再解决”……类似的口号在很多店铺里都听到过、看到过，可是这些卖手能够真的做到这一点、为顾客解决问题吗？很难。即便能做，也只是做到一点，不够完全，不够有气场。

既然要帮助顾客解决问题，就一定要切实解决，而不是口口声声说解决，最终还是没有解决。要做到“切实”两个字，并没有想象中的那么容易。

◎ 不要给顾客留下后患；

◎ 不要故意刁难顾客；

◎ 不要让顾客觉得为难；

◎ 不要让顾客觉得有遗憾；

◎ 最好一次性解决问题。

切实帮助顾客解决问题，需要你像帮助亲人一样去帮助他们，这个时候。你才是有气场的。在你心目中，切实帮助顾客解决问题是一个什么样的概念呢？

____

____

____

3. 明确告诉顾客：我不想让你花冤枉钱

当你为顾客介绍商品、推销服务的时候，顾客为什么不愿意信任你，或者不完全信任你？他们害怕遭到你的欺骗而花了冤枉钱。鉴于这种担心，他们在和你交流的时候防备心理也是很重的，不愿意向你透露更多的信息，也不愿意完全相信你的推销。

在这种不信任的氛围之中，交流很难取得进展，交易也很难获得成功。最重要的一点是，这样的卖手没有任何的气场可言。

由此可见，要想改变顾客对你的不信任态度，你应该把顾客当成自己的家人来对待，明确地告诉他们：我也不想让你们花冤枉钱。当你明确这一点之后，顾客的防备心理就会放松，从而帮助卖手实现“亲人”式的沟通。

情景范例

你说这话我听着顺耳

多利是某店铺的一名卖手，也是附近店铺中最有名的卖手，她年年的销售额都排名第一，一年的销售额往往就是某些店员两年销售额的总和。多利如何能够做到这一点？诀窍只在于一点，主动告诉顾客：“我也不想让你花冤枉钱的。”

记得有一次，多利接待了一名年纪比较大的女顾客，刚开始的时候，这名顾客很不信任她，认定卖手的推销都是骗钱的。可是当多利为她服务的时候，多利告诉她：“阿姨，我明白你的想法，其实我们也是为顾客考虑的，不想让您多花钱。想必您和我爸妈他们一样，一辈子辛劳，不想多花钱，更不想花冤枉钱，是不是？”

几句话说下来，这名女顾客很是开心：“你说这话我听着顺耳，行了，就这样，我到你这里买了。”

其实像这名女顾客一样的顾客还有很多，多利就是使用这种方法“俘获”了他们的心，最终做成了生意。

4. 为顾客负责

卖出商品并不等于交易完成了，实际上，这时卖手和顾客之间的沟通才真正开始。这种沟通或许不是当面的，而是通过卖手推荐的商品和顾客的需求之间进行的沟通。如果商品和需求之间契合度高，就表明这种沟通非常好，卖手确实把顾客当成了亲人。

如何保证商品和需求之间契合度高呢？有一个原则：为顾客负责。不仅包括售后服务式的负责，而且也包括以下几种：

◎ 推销的商品要切实满足顾客的需求；

◎ 不要怂恿顾客购买额外的、无用的商品；

◎ 不要“逼迫”顾客购买他不愿意购买的品牌、商品；

◎ 不要“利诱”顾客购买不实用的商品。

为顾客负责，不同的店铺、不同的卖手会有不同的答案，现在，我需要你写出自己的答案：

____

____

____

第三节　心怀平常心，表达才更有气场

在和一些卖手交往的过程中，我发现了一件很有意思的现象：卖手越是急于把一件商品推销给顾客，成功率就越低。相反，如果卖手能够做到不急不躁地为顾客介绍商品，顾客购买的机率就会大幅上升。

这是什么原因？很简单，卖手心怀平常心，表达才更有气场，才更容易获得顾客的信任、打动顾客，从而促进交易的进行。

情景范例　你这么想把衣服卖给我干嘛呀？

童佳是一个非常不错的人，性格开朗，为人善良，自从当了一名卖手，她更是竭尽全力地为顾客服务，做得和说得一样好。可是她身上有一点非常不好：做事情太急躁。她觉得好的商品，就一定要推销给顾客，而且如果顾客不购买，她会觉得非常失望，为顾客觉得难受。她的这种心情同事们能够理解，可顾客往往不买她的账。

记得有一次，她为一个顾客推荐一件衣服，经过试穿比对之下，童佳发现这件衣服确实很适合这位顾客，而且价钱又非常合适，于是一个劲儿地怂恿这位顾客买下这件衣服。刚开始的时候，这位顾客还表现得非常有兴致，可是慢慢的，她就觉得有些奇怪了：这个售货员为什么这么急于把这件衣服

卖给我？难道这件衣服不好，怕卖不出去？

于是顾客劈头盖脸地质问童佳有什么猫腻儿。刚才还兴奋不已的童佳很快蔫了，她不知道自己到底做错了什么，为什么自己帮助顾客挑选，却遭到顾客的误解。

顾客到底是买还是不买，卖手没有权力来决定。尽管你可能很想帮助顾客做这个决定，但我要告诉你的是，结果往往是徒劳的。你越是想要促成交易，顾客的疑虑就越大，交易成功的可能性就越低。无平常心，你的表达就会显得功利、犀利，让顾客难以接受。

实际上，保持一颗平常心，没有你想象中的那么难：

1. 稳定情绪，抵挡诱惑

卖手是一个能制造奇迹的岗位，同时也是一个平凡的岗位。对于很多卖手来说，周围人给他的诱惑实在很大，有的人一天挣 100 元钱，而有的人一天却能挣几万、十几万乃至几十万元钱。收入的悬殊使得这些人的平常心时时刻刻遭受着压力的打击，而这种压力则体现在“赶快完成交易、多多赚钱”上，迫不及待地想要顾客接受自己的推销。显然顾客是不会买账的。

要想做一名有气场的卖手，首先要做的就是了解道家“无为”的内涵。“无为”不是什么都不做，而是要在物欲横流的社会找回自己，稳定自己的心情，抵挡诱惑，心静如水，得也好，失也好，只要做好自己的本职工作就有可能成为一个有气场的卖手。

2. 切记：戒骄戒躁

想出成绩、出业绩，心情是可以理解的，但你也应该明白：成功不能只争朝夕，是需要慢慢积累的。正所谓“冰冻三尺非一日之寒”，说的就是这个道理。

可是很多卖手在日常工作中经常表现出焦躁的情绪或者行动，特别是在面对顾客的时候，总是希望对方二话不说就买下自己的商品，甚至在顾客挑选、询问的时候，还会表现出不耐烦的情绪。这些表现并不必然说明卖手的服务态度差，而只能说明卖手急于成功而变得焦躁了。正如很多人争抢一件物品的场面一样，不是这些人存心要抢，只是大家都太急于得到这个东西了。当然，凡事过犹不及，这样的卖手是没有气场可言的。

3. 不被别人的言论左右，坚持自己的选择

要想做到以平常心来面对交易、面对顾客，除了自身内心不要产生浮躁情绪之外，还应该懂得抵御外来言论给予的“侵袭”。比如，如果有更好的工作，大家肯定会劝你改行或者更换一份工作，并且以人往高处走、水往低处流等圣贤之说来说服自己。如果你是一个向往财富、野心很容易膨胀的卖手，则很难逃脱这些人的说服而选择离开卖手这个岗位，或者离开现在的店铺投身到另一个店铺之中，如此反复不休。当你面对顾客的时候，言辞之间也会有不耐烦、铜臭味十足的表现。

显然，这样的表达是没有气场的，也是顾客不认可的。在此，我还是要提醒你一句：既然你选择了做卖手，选择了要做一名有气场的卖手，就应该坚持自己的选择，不要让别人的三言两语砸碎自己的梦想和目标。

4. 做好本职工作

如果你没有平常心，很难做好卖手的工作。同样的道理，如果无法做好卖手的本职工作，你也很难保持平常心。你可能会想着跳槽、改行、利用其他的方式来赚钱。试想，当你处在这样的状态之下，去和顾客交流，结果又会是什么样的呢？

相反，一个善于静下心来，以一种清心寡欲的态度去面对工作的卖手则能安然地做到好本职，给顾客最好的服务，给店铺带来最大的利益。

虽然很多人一直在提倡要有平常心，却不知道平常心到底为何物。还有很多人觉得平常心是一种没有斗志的表现。实际上，没有平常心的人只会蛮干，到头来还是一无所获。对于你而言，可以有很强的进取心，但不能放弃平常心。如果说进取心是汽车的动力，平常心就是刹车。前者给你成功的动力，后者给你躲避风险的安全。既成功，又能躲避风险，这就是气场。请问，你有吗？

第四节 理性，就是要懂得过滤情绪

我始终相信一点：能够在表达时做到理性的卖手是非常有气场的。特别是在面对顾客的无理、不礼貌、刁难的时候，卖手如果能够做到理性、自然地面对顾客，并且到位地解决问题，这样的卖手简直“帅呆了”“酷毙了”。

理性，这个词我们经常提到，但并不意味着我们每次都能做到。甚至很多人根本不知道什么是理性、如何做到理性。这些人当中或许也包括你在内。

是不是如此呢？在你的理解当中，什么是理性，如何做到理性呢？下面留出的空格就是给你准备的，把它们写下来吧：

____

____

____

理性，简单点说就是要懂得过滤情感，不要被情绪牵着鼻子走。根据情绪的归属不同，我们大致得出以下几个保持理性的方法：

1. 不被顾客的情绪牵着鼻子走

在为顾客服务的过程当中，你是否容易被顾客的情绪所感染？顾客心情不好，你的情绪也会变得低落？顾客对你发脾气，你也想对自己的同事发脾气？顾客觉得某件商品简直糟糕透了，你也会觉得这件商品不好，尽管前一分钟你还很喜欢它？

如果我说得没错，那么很遗憾，你是一个容易被顾客情绪牵着鼻子走的卖手，在和顾客交往的过程当中，你很难也不知道该如何做到理性面对。或许下面几种表现你都曾出现过：

◎ 因为情绪对立而和顾客发生争吵；

◎ 生顾客的气，甚至一整天都闷闷不乐；

◎ 和你投缘的顾客，你更愿意为他服务；

◎ 为了顾客的事情而和同事发生矛盾；

◎ 和顾客交流的时候没有自己的主张；

◎ 常因顾客的一句话、一个举动而情绪低落。

如果你确实有以上情况中的一种或者几种，请不要担心，改变并不是太难，只要你掌握一个原则——“木头人”原则，即你在面对顾客情绪的时候，争取做一个“木头人”，不管不问，不被感染。当然，并不是真的要你在交易时“呆若木鸡”，只需要保持情绪上的“木头人”即可。

2. 不被自己的情绪牵着鼻子走

在和顾客交易时要警惕不被顾客的情绪感染，还要警惕不要被自己的情绪牵着鼻子走。比如当你觉得心情不好的时候，就不愿意为顾客服务而一个人躲在边上生闷气；当你觉得心情很好的时候又过分地向顾客推销，使得顾客心生疑虑……一次理性的推销应该具备“细水长流”的姿态，不疾不徐、有礼有节、有普遍性介绍也有重点推荐……

是不是觉得很难？其实一点都不难：时刻提醒自己更专业一点。

当你觉得自己正在受到情绪侵扰的时候，下面这些自问句或许能帮到你：

◎“我是一个足够专业的人吗？”

◎“我的情绪能一会儿再发泄出来吗？”

◎“我把情绪发泄在顾客身上合理吗？”

◎“我就是这样提升气场的吗？”

◎“我还是那个一心想要成功的我吗？”

◎“我的行为足够理性、成熟吗？”

如果这些问句还是起不到作用，还有最后一个办法，不妨告诉顾客：“对不起，请您稍等，我去一下洗手间。”当然，在洗手间里，用冷水冲洗一下，或许你会清醒、理智很多。

在处理这种事情上，你是否也有高见呢？

____

____

____

3. 不被市场的氛围牵着鼻子走

顾客很容易被市场的氛围所带动，不知不觉中加入购物大军。实际上卖手也很难控制自己不被市场的氛围牵着鼻子走。市场氛围良好的时候，你的情绪可能高涨，市场氛围低落的时候，你也情绪低落。你很容易把市场的整体情况和自己的业绩联系在一起，认定一点：市场氛围不好，我的业绩也高不到哪里去。

尽管这两者之间确实有联系，不过我还是要问你一句：影响你业绩的到底是市场氛围，还是你自己的心态呢？

答案应该是你的心态。毕竟在市场情绪低落的情况下，还是有很多卖手销售业绩很不错，甚至高过市场氛围良好的时间段。

要想不被市场的氛围牵着鼻子走，你最好做到以下几点：

◎ 理性看待市场；

◎ 分清市场和店铺行情的区别；

◎ 善于利用市场氛围，也要善于规避市场氛围；

◎ 最好不做跟风、赶潮流的事情；

◎ 多做“人无我有、人有我精、人精我退”的事情。

依赖市场，也要看透市场，这就是一个气场型卖手应该达到的一种境界。想想看，你自己还差多少距离？

____

____

____

4. 不被竞争对手的行动牵着鼻子走

对手怎么推销，我就怎么推销；对手以几折的价格促销，我也用几折的价格促销……看着对手吃饭，是很多卖手一直在做的事情。这里的对手有两种：

第一，竞争对手店铺里的卖手；

第二，和自己有竞争关系的同事。

不管是哪一种竞争对手，都在一定程度上影响着你，这种影响有好有坏。好就好在能够激励你、让你不至于懈怠。坏就坏在容易让你变得盲目和麻木，唯对手马首是瞻，跟在对手的屁股后面，胡乱推销。一旦出现这种情况，就等于你被对手牵着鼻子走了。

该如何解决呢？

◎ 找到自己的努力方向；

◎ 侧重自我的推销风格；

◎ 计算好自己的利润及折扣额度；

◎ 寻找比对手更好的方法；

◎ 向对手取经，但不要抄袭；

◎ 在对手的做法上进行改进。

4 第四章

你得知道顾客怎么想

只有了解顾客的想法才能更好地为顾客服务，只有了解顾客的购物心理才能更准确地把商品推销给顾客。这两点，你一定深有体会。那么在你过去的工作中，你是如何了解顾客内心的想法和购物心理的呢?

靠问?靠猜?这两种方法都不是特别实用，可靠性不高。最重要的是，使用这两种方法都不够有气场。看到这里，你肯定想问：难道还有更好的方法吗?别着急，通过本章节的学习，你将了解到更加实用、更加有效的了解顾客内心的方法。

尽管我提供给你的方法可能很管用，但我还是要提醒你一句：所有的方法都只适用于某一些交易场合，它并不是万能的。关键是你在使用的时候要懂得灵活运用。方法是死的，人是活的。请记住一句话：活人不能被方法害死。

第一节 顾客到底“买”什么

如果我问一些卖手：顾客到底来“买”什么来了，他们一定觉得有些莫名其妙：顾客来店里还能买什么？买商品呗。

是的，买商品。这只是表面现象，顾客到你的店铺消费，除了买商品之外，还可能买其他的东西。要想搞清楚这个问题，我们不得不引入一个概念：顾客对商品的诉求。所谓顾客对商品的诉求，指的就是顾客买商品是奔着什么来的，是奔着商品本身来的，还是奔着品牌，或者是商品的广告、店铺的服务？

这些都有可能。现在，我们就来详细说一下这些方面。要知道，不同的商品诉求，说明顾客内心的想法是不一样的，你的推销手法也应该是不一样的。

1. 买“实用”——讲求物美价廉

相信在你遇到的顾客当中，大多数的顾客都是“实用主义”者，他们买商品的目的都非常单纯：实用。比如买一件羽绒服，就是想穿着它保暖；买一台电视，就是想收看清晰的电视节目……

和“实用主义者”打交道，有一个非常重要的原则：不要讲其他无用的东西。如果你是为他们介绍商品，那么请你一定要记住，告诉他们：这个商品有什么用、具体该如何用、会有什么样的效果等，至于其他的因素如颜色、品牌、与其他同类产品相比的优劣势等不要多说，点到为止即可。毕竟如果你过分渲染这些因素，很有可能让顾客挑花了眼，不知道哪一种更加实用，从而打消购买的念头。

作为卖手，一定要把“一句话打动人心”这句话放在心里，用它来指导自己的工作。当然，下面这些常用的推销用语对你也是非常有帮助的：

◎ “这款电视确实能改善你的业余生活。”

◎ “这款电脑能更快地提高你的工作效率。”

◎ “这是迄今为止最实用的一款沙发了。”

◎ “我为您推荐的这几道菜可谓物美价廉。”

◎ “这款手机功能很齐全，完全能满足你的通信需要。”

情景范例 **别给我介绍太花哨的东西**

王先生想要购买一款手机，尽管在购买之前询问了身边很多人的意见和建议，但当他真正走入手机店铺的时候，还是感觉到一阵眩晕：手机卖场的卖手们一直在向他介绍不同款式的手机、不同的功能、不同的优势……一时间，他都不知道该如何定夺。

无奈之下，他对其中一个卖手说："我对手机的要求很简单，只要能够接打电话，发短信、彩信就行了，别给我介绍太花哨的东西，对我来说没有用。"

这名卖手听了王先生的话之后，很快为他找了一款物美价廉的手机，王先生看后非常满意，很快买了下来。

那么如何知道你面前的顾客是不是"实用主义者"呢？对此你可以进行简单的判断：

◎ 说话是否实在？

◎ 对商品的诉求是否直接？

◎ 对产品的新功能是否不太在意？

◎ 是否对功能之外的因素考虑不多？

◎ 是否明确告诉你"讲求实用"？

2. 买"品牌"——不在乎多少钱

商品有不同的牌子，顾客在购买商品的时候，其实也顺带着购买了牌子。只不过受到一些"品牌效应"的影响，很多顾客开始向"品牌"过渡，他们购买商品，不是购买商品本身，而是为了品牌而购买。就如现阶段流行的"iPhone热"，就有一种购买品牌大于购买手机本身的势头。

遇到"品牌主义者"，你在推销的时候就应该注意一点：少说商品的功能，而多渲染品牌以及使用这个品牌的人群。不要害怕品牌太贵对方付不起钱，因为这群人往往会为了自己喜欢的品牌而不惜血本。

"品牌主义者"往往有以下几种表现存在：

◎ 身上穿的大部分或全都是品牌货；

◎ 对名牌有一种热衷；

◎ 谈到自己喜欢的品牌时会兴奋；

◎ 对非品牌商品不感兴趣；

◎ 不看重钱；

◎ 可能有“品牌收藏”的爱好。

3. 买“广告”——一时兴起

所谓买“广告”，并不是真的要把广告买下来，而是受到广告的诱导而来购买商品。比如我们比较熟悉的“今年过节不收礼，收礼还收脑白金”的广告，就使得很多人前去购买。顾客之所以会购买“广告”，原因有几点：

◎ 广告足够吸引人，顾客难敌好奇心；

◎ 广告诉求和顾客需求相契合；

◎ 广告效应很大，难以抵挡；

◎ 对商品不了解，想一探究竟。

面对这些“广告控”，你该如何投其所好，促进店铺的销售，同时提升自我业绩呢？遵循一个原则即可：把自己也变成“广告控”，附和顾客对广告的情感。如你的顾客说，“这广告说得很在理”，你就应该附和说，“是的，说的都是我们的心里话”……

你是不是觉得这样做有些“卑微”或者“没有主见”？我觉得这两者在气场面前不值一提。只有把商品卖出去、让顾客认同你才是真的。

想想看，是不是如此呢？

4. 买“服务”——看重“享受”

为什么满大街都是卖咖啡的，你偏要去星巴克坐坐呢？原因在于一点：你在星巴克，买的不是咖啡，而是服务。正因为如此，有很多人宁愿多花钱到星巴克去坐一下午，而不愿用这些钱来买够自己喝一个星期的咖啡。

通过这个现象，你能发现一个什么样的问题呢？很多顾客购买商品，其实是在“购买服务”，这是一群“享受主义者”。

“享受主义者”有哪些明显的特征呢？

◎ 有一定的文化程度；

◎ 小资情结，或许还比较严重；

◎ 不过分看重品牌，更看重享受的过程；

◎ 对商品有坚持，也会放弃；

◎ 对服务好的店铺情有独钟。

想想看，你是否碰到过这样的顾客呢？

___

___

___

和这样的顾客相处，没有特别的技巧可言，尽心尽力做好你的服务，按照他的要求提供对的服务就行了。不用多说话，也不用多推销。用你的服务来说话吧，哪怕仅仅是一个微笑、一句“谢谢”，都能让他们感动。

第二节 不同年龄层的消费心理

说起不同年龄层的消费心理，我就想起这样一则故事：有人给家里买了一台多功能电视，这台电视既能收看电视节目，又能播放影音光盘，还能直接使用U盘。当一家人坐在客厅，围着这台电视看节目的时候，彼此之间的交流就开始了。

儿童：“爸爸、爸爸，这台电视还能自动转动，你看，我在遥控器上一按，它就会转到这边来，再一按又会转回去，简直太好玩了，我喜欢。”

年轻人：“这是一台品牌机，还算比较时尚，我看和我们家客厅的装修风格挺配的。一句话，这台电视机买得不错。”

中年人：“将近一万块钱的电视，我觉得有点贵了。电视嘛，不就是收看一些电视节目嘛，要这么花哨干什么，一点都不实在。”

老年人：“是啊，这电视我觉得不太好，像我们这些老头老太太，根本就不会用。还不如原来的黑白电视，开关一按，频道一拧，那多方便。现在的遥控器，看都看不清楚，真是很不方便。”

从这一家人围着一台电视所作的评论，我们可以看到一点：面对同样一件商品，不同年龄层的顾客所作的考虑是不同的。这是他们不同消费心理的外在表现。作为卖手，如果你想知道顾客是“怎么想的”，了解他们的购物心理也是非常有必要的。

在你心目中，不同年龄层的顾客，他们的购物心理有什么不同之处呢？

现在，我们就来分析一下每一个年龄层的消费心理是什么样的：

1. 儿童——新奇、好玩

好奇心强，喜欢玩，对新鲜事物兴趣很大，是儿童时期最典型的心理特征，在购物的时候，他们会把这种心理特征体现在对商品的要求上。比如，儿童的父母在购买电脑的时候，儿童可能更关注这台电脑能不能播放他的DVD，能不能玩他的小游戏。另外，商品上的一个漂亮logo、包装盒上一朵漂亮的小花、美丽的丝绸包装袋等，都有可能吸引儿童，勾起他们的购买欲。

现在，你明白我们要了解儿童消费心理的目的所在了吧？如果你想通过儿童作为商品推销的突破点，那么就一定要从这种消费心理入手。牵住孩子的鼻子，就等于牵住了大人的鼻子。

情景范例　　小朋友，买这件衣服有芭比娃娃送哦

“童乐园”童趣店是一家专门销售童装、童鞋、儿童玩具等商品的店铺。刚开始的时候，销售状况不是很好。后来，在卖手晓晓的建议下，店长改变了销售策略，使用“1+1”的销售方法，即购买一件商品，就能获得一份赠品。当然，赠品有很多种类，卖手可以通过自己的判断“便宜行事”。

有一天，一位女士牵着一个小姑娘的手进来选购服装。这位女士挑了很久，一直没有下定决心。这个时候，晓晓走了过来，对这个小姑娘说：“小朋友，你穿上这件衣服肯定很漂亮，要不要让妈妈给你试试看。还有，购买这件衣服，阿姨就可以送给你一个芭比娃娃哦！”

听到有芭比娃娃可以送，小姑娘的脸上露出了高兴的神色，很快催促自己的母亲买下这件衣服，好让她能够快点拿到芭比娃娃。

案例中的晓晓之所以能够做成这笔生意，原因在于一点：她了解孩子的购物心理。孩子们不太关注商品本身，更关注商品是否好玩、好看，以及购买商品所获得的赠品等。由此可见，如果在销售过程中能够抓住儿童的这种购物心理，想必你的销售气场能够获得较大的提升。

2. 年轻人——时尚、品牌

讲究时尚，关注品牌，这是年轻人典型的心理。这种心理和年轻人的“爱美之心”有关，他们宁可损失商品的实用性和部分功能，也要满足时尚和品牌的心理需求。换句话说，只要是时尚的、有品牌效应的，功能差一点也无所谓。

要想把商品卖给这样的年轻人，或许下面这些话术对你有一些帮助：

◎“这是今年最流行的款，很时尚。”

◎“你穿上这件衣服感觉很有潮流感，很 fashion。”

◎“这是名牌产品，质量就是不一样。”

◎“品牌货，这你还不放心。”

◎“这个 logo 很显眼的，别人一眼就能看到。”

◎“我们这款商品是 ××× 明星代言的，我想你肯定很喜欢他（她）吧。”

在实际工作中，你觉得还有哪些话术是比较管用的呢？不妨把它们一并记录在下面的空格中：

____

____

____

3. 中年人——实在、有效

中年人购买商品，绝大多数是奔着商品的“使用效能”去的，正如我们前面章节中所提到的那样，中年人购买洗衣机，就是要洗衣服；购买冰箱，就是为了给蔬果保鲜……和年轻人相比，中年人的购物心理显得更加实在。至于年轻一族所关注的品牌、时尚等因素，只是他们额外关注的，并不当做主要因素来考虑。

“购买商品，讲究的就是实用，所谓品牌、明星代言什么的都是虚的，跟咱一点关系都没有。”这是中年人购物时常说的一句话，想必你也听过类似的。

趋向于实在、有效购物心理的中年人，在购物时常说类似的话：

◎“这款商品质量怎么样？”

◎“这个最低折扣是多少？”

◎“这个售后服务是怎么样的？”

◎“关于这个，还有更详细的资料吗？”

◎“我以前买的那款太费电了！”

◎“它能不能被用来……？”

4. 老年人——方便、简单

很多老年人身体不是特别好，加上行动不便，所以他们在购物的时候，对商品有着明显的诉求：操作简单，使用方便。他们的这一点诉求你是否能理解呢？如果你能理解，就意味着你已经明白了一点：给老年人推销商品，一定要告诉他们这款商品简单在哪、方便在哪。

现在，既然你已经知道了不同年龄层的消费心理，不妨从今天开始，真正做一名有气场的卖手。

第三节 男女有别的消费心理

通过上一节的学习，我们明白了一点：不同的年龄层有不同的消费心理，你可以利用这一点，切实提高自己的业绩和气场。另外，性别不同，消费心理也会不同。

这个结论很多人知道，为了能够更加深入地了解这种心理，切实帮助卖手提高销售业绩和提升气场，我曾经沿着这个方向进行了深入研究，最终总结出性别影响消费心理的深层次原因，总的来说有以下几点：

◎ 性别不同，对商品的关注点不同；比如女性更加关注商品是否美观，而男性更加关注商品是否实用。

◎ 性别不同，有不同的金钱观；很多女性为了能够拥有自己梦寐以求的东西，会不惜花血本，而男性的消费态度更加理性，不愿意做这样的事情。

◎ 性别不同，购物心态不同；女性表现得更加爱慕虚荣，而男性可能更注重物有所值。

现在，我们就来详细了解一下不同性别的不同消费心理，以及卖手经常会遇到的“陪伴消费”下的消费心理。

1. 男人的消费心理

绝大多数的男人都具有阳刚之气，做事情的时候喜欢干脆利落，购物也不例外。他们不善于选择商品，甚至可以说很多人根本就不选择商品，完全靠卖手来推荐。只要卖手推荐的商品基本符合自己的需求就付钱，不太关注价格和品牌。

当然，也有一些男性在购物时讲究“精挑细选”，除了要讲究品质之外，还要讲究品牌、服务、赠品等。这种男人常常被称为“阴柔男”，遇到这样的男性，你最好使用女性的思维去推销、推荐，成功率可能更高。

要想辨别这两种男人，只需你善于观察。下面，我专门用一个表格来详细说明二者的不同：

	阳刚男	阴柔男
穿着打扮	穿着比较随便，宽大的T恤、肥大的牛仔裤、休闲西服、衬衫等都是他们身上常见的衣服；打扮很随便，甚至根本不打扮	他们更喜欢质地细腻的衣服，不喜欢西装、牛仔，也不喜欢白衬衫，相比之下，他们更喜欢紧身T恤或者是粉色衬衫；打扮很细致，哪怕只是一缕头发，也不允许它被风吹乱
言谈举止	行为粗犷，在店铺购物时偶尔会大呼小叫，喜欢指使店员，遇到卖手推荐商品，他们往往有自己的主见	言辞文静而素雅，做事情一丝不苟，注重细节，甚至有完美主义倾向
随身物品	一个夹包，或者一个手机，甚至是空手而来	身边必定有一个大大的挎包，里面鼓鼓囊囊，不知道装了什么东西，可能有镜子、梳子、唇膏等物品
对卖手的态度	友好，有说有笑，遇到不顺心的事情也会大发脾气	拘谨，不善言谈，不喜欢和卖手靠得很近，也不喜欢别人和他套近乎
常见的陪逛人员	女人或孩子	男人

当然，上面只是我根据自己的经验总结出来的一点，你也可以进行补充和调整。总之，你要意识到一点，尽管都是男人，但阳刚男和阴柔男的心理是不太一样的，你要充分了解他们，捕捉他们微妙的心理，这样交易起来才会更加容易。

2. 女人的消费心理

很多时候女人购物是盲目的，原本只想出去买一包盐，最终却买了一大堆衣服回来。这样的事情时常发生，也在绝大多数女人身上发生。从这个小小的细节当中你就可以明白一点：一些女性的消费心理很混乱，容易被店铺的大幅广告或者促销折扣所吸引。她们在购物的时候根本不想自己是否需要这件商品，而是在想如果我购买了它，能够节省多少钱。另外，女性和男性相比，更加喜欢追求品牌、时尚，也更加喜欢攀比，如果她的同事购买了一对手镯，那么她恨不得买两对手镯加两对脚环。

情景范例 **我就是想气死她**

小丽一下班回家就把嘴噘得很长，一副很不高兴的样子。一看到老公回家就向他宣布："明天我要购物，这是我列出来的清单，你根据清单把钱给我。"她老公看了看清单，不由得吓了一跳：包括项链、耳钉、坤包、皮大衣等在内，消费额度粗略估计在5万元左右。

老公："小丽，你没事吧，干嘛要买这么多贵重东西？"

小丽："我就是要买，王芳（她的同事）那个丑女人，她都有项链、耳钉，为什么我没有？我不仅要有项链、耳钉，我还要买坤包、大衣，我就是想气死她。"

听了小丽购物的理由，她老公有些哭笑不得。

案例中小丽的情况有些极端和夸张，不过从中你也可以看到部分女性购物心理的混乱和盲目，如果你在推销商品的时候，能够抓住这种混乱心理，或许你会有很大的收获。

3. 男女混搭的消费心理

很多时候，顾客进店消费并不是独自前来，往往身边带着其他的异性，比如自己的爱人、好友等。那么这种"男女混搭"一般会有什么样的消费心理呢？有一点比较具有普遍性：女性习惯性挑选，而男性习惯性决定。特别是在购买服装、家电等商品的时候，这种普遍性更加明显。

在具体的交易过程中，我们经常听到类似的对话：

◎ A："××，这件衣服好看吗？"B："我觉得不好看，还不如刚才那件粉色的，显得你肤色很好。”A:“是吗？好吧，那就买那件吧！”

◎ A:“我想要买一个39寸的液晶电视。”B:“没有必要吧，我们家的客厅并不是很大。我看小一点的就行，另外我们可以再摆一套茶具，这样就显得有档次了。”A:“好吧，那就按你的意思办。”

在面对“男女混搭”顾客的时候，要讲究一点：不断地给女性顾客寻找新的款式并鼓励她尝试，然后用理性去征服男性顾客，鼓励他全部购买。即便最终只成交了一部分，对你来说，也是一件好事。

4. 女伴或者男伴的消费心理

如果和顾客一起来的不是异性，而是同性，那么消费心理是不是也会发生变化呢？答案是肯定的。具体变化，要根据他们之间的亲密程度来决定的。举个简单的例子：关系很好的两姐妹来逛街和明争暗斗的两同事来逛街，消费心理是完全不一样的。前者可能更注重愉悦性，而后者更注重攀比。

说到底，这个你得根据现场的情况，顾客之间的言辞、行为等进行具体的判断。

第四节 警惕“不正当猜测”

做任何一件事情，恰到好处都是最为理想的状态，无论是“不及”还是“过火”，都不是我们想要看到的结果。了解顾客的想法，是为了能够更好地帮助顾客选到合适的商品、提供更加合适的服务。这本来是一件好事，却被一些卖手办成了坏事。原因就在于一点：他们过于看重了解顾客内心的想法，以至于陷入“不正当猜测”的陷阱之中，这不仅对于完成交易有害，而且对于提升自己的气场也是没有好处的。

什么叫“不正当猜测”，顾名思义，这种猜测是不正当的，比如在顾客不愿意的情况下对他们的购物能力、家庭背景和与同伴之间的关系等进行猜测。

是不是没有想过这样的问题，又或者你在工作当中已经在犯类似的错误了？不妨从现在开始，停止这种错误的行为，进行改变。

常见的“不正常猜测”有以下几种常见情况：

1. 怀疑顾客的购买能力

如果你是一名奢侈品店铺的卖手，有一天一位穿着非常朴素的顾客走进店铺的时候，你是不是很容易产生一种想法：这人是不是走错地方了，他能买得起这里面的商品吗？

可能你觉得产生这种思维是很正常的，那么我要告诉你：非也，你已经陷入了“不正当猜测”的陷阱之中了。不正当在什么地方呢？以貌取人，通过对方的衣着来猜测对方的财力，从而判断他的购买力。

尽管很多卖手都曾经这么做过，甚至有的卖手还觉得自己的这套经验非常管用，且慢，你千万不能跟着他们的脚步走，否则你很有可能吃亏上当。

情景范例

他竟然是个大款？

依婷和美媛都是某大型商铺的卖手，负责向顾客推销家用电器。为了提高店铺的销售，该店铺对卖手的薪酬实行底薪加提成制，卖手每卖出去一台家用电器，就能获得一定比例的提成。

依婷凭借自己多年的销售经验，很快将顾客分成了几类：超级富豪、有钱人、普通人、穷人。每次见到前面两种人，她都会笑得跟一朵花似的，鞍前马后地为他们服务，而看到后面两种人，都爱搭不理。私下里被人称为“势利妞”。相比较而言，和她同为一组的美媛却显得沉稳、地道很多，无论来者何人，她都会本着为顾客负责的态度尽心尽力地服务。

有一次，一位矮个子的男人走进店铺。依婷一看，这个男人，干瘦干瘦的，穿着不是名牌，肯定不是有钱人，于是不愿意搭理他。美媛见状赶了上去，热情地接待了这位顾客。在交谈中，美媛得知这位顾客是一名房地产公司的老总，想要购置一大批电器。因为公司采购处报上来的采购单他觉得价钱太高，便趁着自己有时间来店铺转转。

无疑，在美媛的热情服务下，这名其貌不扬的顾客成了她的大客户。就这一单生意，美媛的提成就将近10万元。这下，轮到依婷傻眼了：这样的人，他竟然是个大款？

显然，案例中的依婷就陷入了“不正当猜测”的陷阱之中，以貌取人，根据顾客的外在形象来判断顾客的购买力。暂且不说这样的判断是否有必要，即便真的有必要，准确性又有多少呢？

2. 臆断顾客的需求

顾客为什么要购买这件商品？有需求是一定的，关键是很多卖手想知道这个需求到底是什么。他们想要了解顾客的需求，不是通过询问，而是通过自己的想法进行臆断。显然，这样的臆断很容易出现差错，甚至会发生“乌龙”事件，影响店铺的业绩，也削弱卖手的气场。

情景范例　**卖手把孩子惹生气了**

肖孟是某电脑卖场的一名卖手，尽管他工作很积极，销售业绩却一直不是很好。他的同事也觉得有些奇怪，一些顾客明明有意购买，最终却莫名其妙地离开。终于有一天，同事发现了其中的秘密：肖孟一直在对顾客的需求进行无端猜测，导致顾客内心产生反感情绪，从而放弃交易。

那天，一个父亲带着一个十五六岁的孩子来买电脑，在交流的过程中，肖孟得知这位顾客想要配置高一点的电脑，肖孟便笑了笑说：“明白，现在孩子玩电脑都很疯，特别是网游，配置低的电脑根本不行……我看您的孩子挺聪明的，应该游戏玩得挺不错吧，买了这台电脑，一定要多打装备哦……”

听到肖孟这么说，父亲随即低下头问他的孩子：“孩子，你是不是也经常玩网游啊？不然你昨天干嘛告诉我要买配置高的电脑呢？”

孩子听到父亲这么问，顿时表现得很生气：“爸爸，你别听他胡说，我根本不是要玩网游，而是要跟你学编程，你们大人干吗乱猜测别人？”说完，孩子生气地离开了，而父亲自然也尾随其后。一笔眼看就要到手的生意又丢了。

由此可见，对顾客需求进行臆断是一件“很傻”“很天真”的事情。既无法真正了解你的顾客，也无法提升自我气场。请问“肖孟们”，你们这是何苦呢？

反省：你是一个“肖孟”式的卖手吗？不要回避，说实话：

____

____

____

3. 过分相信经验判断

经验是好东西，但有时也会害死人。作为一名卖手，在工作中不断积累经验没有错，错就错在你过分相信自己的经验，导致判断出错，气场尽失。以下几种人更容易出现这种情况：

◎ 店铺的老店员；

◎ 经验丰富的店员；

◎ 经常被老板、店长表扬的店员；

◎ 盲目自信的店员；

◎ 曾经通过经验判断获利的店员；

◎ 因循守旧的店员。

“我是有经验的卖手，我的判断基本上不会出错”“相信我没错的”“经验就是好东西，做什么事情都能事半功倍”……当你听到这些话的时候，是否觉得自己怦然心动，也想拥有别人所拥有的经验呢？

在此，不管你是怎么想的，我还是建议你不要过分靠近所谓的“有经验的人”，也不要太过于相信同事们所宣称的经验，否则，可能有一天你会因此而吃亏，到那个时候就晚了。

现在，请列出你身边哪些人属于“有经验的人”，他们所宣称的经验是什么：

____

____

____

5 第五章

说服，绝不仅仅是嘴上功夫

要想做一个有气场的卖手，嘴上功夫是必不可少的。那么是不是嘴上功夫了得，就等于你有气场了呢？很多人都是这么认为的，不过今天我要告诉你一点：真理掌握在少数人手中。有气场的说服，绝不仅仅是嘴上功夫那么简单，除此之外，还有很多的工作要做。这也解释了为什么很多卖手口才极好，却业绩不高的原因。

或许你身边就有这样的卖手，甚至你自己就属于其中一个。那么你是否想过其中的原因呢？如果正好你没有仔细想过，却又想改变自己、提高自己的气场，本章就是你最好的教材。

第一节 说服，请用好“心眼”

口才好的人才具备说服能力，相信十之八九的人都相信这个结论。今天，我们不来讨论这个结论是否正确，而是想通过这个结论告诉你一个事实：要想真正具备说服力，除了口才好之外，关键还要懂得使用“心眼”。

使用“心眼”，不是要你和顾客使诈，更不是让你花言巧语欺骗顾客。如果你那样做了，对气场来说就是一场毁灭性的灾难。使用“心眼”，简单点说就是在说服顾客的时候，要善于观察、懂得用心，唯有这样，你的说服才能正中顾客的心怀。

曾经有一本书叫《一句话说动人心》，那么今天我们不妨借这个书名来形容使用心眼之后的说服：一句话说动顾客下定决心。下定决心做什么？购买你的商品。

1. 讲究说服的“切入点”

见到顾客光临，我们往往脱口而出的就是“欢迎光临”这句话。这么说没有错，但总觉得有些格式化、不够吸引人，而且最重要的是说完了这句话之后，接下来往往就是“请问您需要点什么”或者“请问我能为您做些什么”。这样的表述很客气，但对于说服来说力度还不够，彼此之间的对话就像两块硬邦邦的石头碰撞在一起，很难撞出热情。

那么到底该如何做呢？改变这种套用的说话模式，开始寻找说服顾客的切入点，这样做的目的只有一个：回归温情，让顾客在你给予的情感中被你说服。

情景范例　这鬼天气，能洗个热水澡最好了

欧阳林是某家电店铺的一名卖手，主要负责销售店铺内的热水器、太阳能等水热产品。因为最近一段时间天气寒冷，经常下雨，前来购买水热产品的人似乎比以往多了起来。可是市场回暖，并不等于欧阳林的工作就好做了，毕竟附近的家电店铺还有很多，竞争还是相当激烈的。为了能够在竞争中胜出，欧阳林特别注重自己和顾客之间的对话。

记得有一次，外面天正下着大雨，有个顾客走进店铺。欧阳林迎了上去，

正见这位顾客在拍打着身上的雨水。欧阳林很快就说："今天天气不好，您看您都淋湿了。"

听了欧阳林的话，顾客一怔，连忙回答道："是的，这天气真不好，湿冷湿冷的。"

欧阳林："很容易感冒的，这鬼天气，每天能洗个热水澡是最好的。"

顾客："是的，是的，你看，我这不就来你这里购买热水器了吗？"

很快，欧阳林就利用"鬼天气"的切入点做成了一笔生意。

欧阳林无疑是一个聪明的卖手，她懂得利用当时的环境作为切入点，和顾客之间进行更加友好、坦诚、到位的交流，而且在交流之间自然地引出交易的内容，从而完成交易。在整个过程中，一点都不显得突兀。那么没有"鬼天气"这个切入点，欧阳林是不是也能成功呢？可能，但有一点是肯定的：绝对不会如此简单。

现在，你是不是也很想试一下呢？且慢，你得先学会寻找切入点，否则你的交谈会显得更加生硬、不自在。寻找说服的切入点，要注重以下几点：

◎ 巧妙利用周边的因素作为素材；

◎ 你和对方都能同时感受到的素材；

◎ 尽量做到表达不生硬；

◎ 引出交易内容要自然，不要强求；

◎ 语气语调尽量温和；

◎ 微笑，一定要记得微笑。

2. 讲究说服的"时机"

利用切入点进行巧妙的说服，说到底就是给交易找一个好的话头。话头找到了，交流就可以继续，但这并不意味着马上就可以进行说服，否则很有可能犯急功近利的毛病。

我们常说批评表扬要掌握时机，其实说服同样需要讲究时机。一旦你掌握了时机，就能达到事半功倍的效果；反之，如果你没有掌握时机，费再多的口舌都是无益的。

情景范例

挑剔的顾客成了回头客

“尝一口”餐厅的平光林迎来了几位顾客，在平光林将他们迎入大厅的时候，顾客告诉平光林：他们需要一间包厢，由于当时包厢已经客满，平光林就只能安排他们在幽雅的窗户边就坐，但顾客对此还是不怎么满意，其中一个顾客一直在嘟嘟囔囔，发泄自己的不满。

落座后，平光林热情地问他们需要什么茶水，其中一个答了一声“随便”之后，便自顾自地聊天了。等平光林泡上上好的绿茶端上后，他一看说：“不要绿茶，给我们重新泡乌龙茶吧”。无奈之下，平光林只能重新去泡乌龙茶。

好不容易把茶水搞定了，平光林接着递上菜单，等顾客点完菜刚送进厨房，一位顾客又说：“刚才有一个菜不要了，你们的菜单上的品种好像太少了，给我们烧一个这样的菜。”随即这位顾客给了平光林一个菜单。平光林一看，竟是菜单上没有的，但为了让顾客能满意，平光林立刻进厨房跟厨师商量。等那道菜端上桌后，顾客的脸上开始有了笑容。临走时，平光林还对他们连连说“对不起”，而他们也连连道谢说：“是我们太为难你们了，谁知你们还是那么耐心。”

后来，平光林发现，这几个顾客成了店铺的老顾客，每次来吃饭都点名要平光林服务。

请问看了这个案例之后，你觉得平光林是在什么样的时机下说服顾客的呢？是在顾客万分挑剔、心怀不满的时机下说服顾客的。说服的方式就是给顾客提供周到的服务。自然，顾客尽管有些时候会挑剔、把不满意的情绪发泄出来，但一旦你给他们提供了周到、优质的服务，他们还是会感激你，进而成为你的回头客。

看到这里，你肯定会问：说服顾客的时机有哪些呢？对于这个问题，我很难回答，因为时机并不是我能告诉你的事情，得你自己去寻找。或许对于我来说，顾客发怒就是一个说服的好时机，而对于你来说，却因此而怯场，不敢面对顾客，那么又如何能说服顾客呢？

现在，请暂停阅读，好好思考一下，你所适合的说服时机有哪些呢？

3. 增加说服的“砝码”

从某种程度上来说，说服就是一次谈判。既然是谈判，彼此都有砝码。你清楚彼此之间的砝码是什么吗？

你的砝码：商品的质量、完善的售后服务、品牌、赠品、免费维护、成为VIP会员等，如果你的店铺有这些项目存在，它们都是你和顾客交易的砝码。

顾客的砝码：金钱、你的竞争对手、同类产品等。只要你和顾客之间的谈判破裂，顾客不会付给你金钱，会转向你的竞争对手或者同类产品的卖家。

由此可见，如果在谈判中，你的砝码小于顾客的砝码，谈判的天平很难倾向于你，所以你得加。至于加什么样的砝码，你可以问问你的店长，也可以和厂家联系，看看是否能给予更多的优惠，更大的折扣，更丰富的奖品、礼品、赠品等。

写下你的砝码：

____

____

____

第二节　坦白，其实没有那么难

如果你有时间，或者有足够大的度量，不妨和拒绝你的顾客交流一下。在交流过程中，你可能会发现一件非常有意思的事情：顾客之所以拒绝你，不是因为你介绍的商品不好、不能满足他们的需求，也不是价格不合理，而是他们觉得你在欺骗他。至少，他觉得你在介绍商品的时候并没有那么坦诚，多多少少有些隐瞒。

我们暂且不说你在推销的时候是否这么做了，不过从中我们可以获得一个启示：和顾客交流的时候，我们可以“坦白”得更多，表现得更加坦诚，从而提升自己的说服力。那么我们到底可以向顾客“坦白”些什么？

1. 商品的实际使用效果

这应该不需要坦白吧？相信你在介绍商品的时候已经说得够仔细了吧？正

是因为你说得够仔细，所以你更需要坦白，原因很简单：你在推销商品的时候难免会犯“夸大其词”的毛病，特别是在推销一些滞销商品、你急切想要出手的商品的时候，你会在不由自主间把效果夸大。现在，你需要改正这个错误，告诉顾客商品真正的使用效果。

不要害怕顾客听了你的坦白之后会掉头走掉，相反，他会觉得你是一个实在人而最终听从你的劝告，买下你所推荐的商品。

情景范例　效果没有宣传的那么好

童佳倩是某新品牌冷风机的一名卖手，受到品牌效应的影响，这种新品牌的商品很难销售，以至于很多卖手一个夏天只卖出去几台。可是同样的产品、同样的顾客群，童佳倩却在一个月之内销出了二十几台，业绩相当明显。

那么童佳倩是如何做到的呢？在经验交流大会上，她有点不好意思地说：“我是靠‘说产品坏话’而卖好的。”

“靠说产品坏话？童佳倩是不是疯了，别人说好话都才卖出这么几台，她说坏话怎么能卖好呢？”在同事们不理解的目光中，童佳倩说出了原委：“每个顾客在购买新品牌的时候，都会有一些顾虑，怕产品买回去不好用。我了解到顾客的这种心理之后，就主动告诉顾客，这个产品其实挺不错，但没有宣传的那么好，当然，和品牌产品差距也不大。它最大的优势就在于价格，你想想看，用更低的价格买一台同样能工作的冷风机，为什么还要花更多的钱呢？一般来说，顾客听了这句话之后，都会选择购买。最终放弃的还是比较少的。”

原来如此，同事们恍然大悟，童佳倩就是靠着这种“坏话”而卖好的。

其实我们知道童佳倩根本不是在说坏话，而是用一种更加理性、更易赢得信任的方式把商品的实际使用效果“坦白”给顾客，让顾客内心有一个明确的判断。当然，价钱低且功效不比名牌差的机器谁不喜欢呢？童佳倩走的是一招险棋，效果却很好。

请问，你的险棋在哪里呢？

2. 自己的看法和意见

很多卖手觉得，要想说服顾客，自己的意见最好不要掺杂其中，因为万一自己的意见对产品不利，也会影响到顾客的购买。这句话一半对，一半错。卖手的意见会影响产品的销售，这是对的，但因此不把意见掺杂其中，这就不对了。

想想看，是不是有一种“因噎废食”的感觉呢？在推销商品的时候，如果你能把自己的看法和意见掺杂其中，顾客会觉得更加真实，更加容易信任你。

情景范例

你说这话很实在

秦冰是销售男士服装的一名卖手，那天他接待了一位顾客，一走进店铺，秦冰就迎了上去。在和顾客短暂的交流之后，秦冰了解到这名顾客第二天就要去相亲，今天准备买一套稍微好一点的西服，以备明天之用。

这是人之常情，秦冰很快为这名顾客选择了一套西服。顾客穿上之后，整个人显得很精神，他自己也很喜欢。可是秦冰看了看之后，却对这名顾客说：“哥们儿，不瞒您说，您穿这套衣服确实很精神，但并不适合相亲的场合，我个人觉得这样显得太拘束了，你想那个场面本来就有些尴尬，您一身西服往那里一坐，空气更加沉闷了。再说明天人家姑娘肯定打扮得花枝招展的，和一身西服的你走在一起多不协调啊。我看你还是买一套颜色稍微亮丽一点的休闲服吧，更适合你，价钱还更便宜些。”

顾客一听，很快点了点头：“哥们儿，说得没错，你说这话很实在，我听你的，来一套休闲服。”

很快，这笔交易就做成了，顾客开开心心地回去了。

在整个交易过程中，秦冰不仅掺杂进自己的意见，而且还劝说顾客换一个更便宜的休闲款式。他这么做，不仅没有破坏交易，而且加深了自己和顾客之间的情谊，相信如果这个顾客以后还是需要西服的话，首先会想到秦冰这个有气场的卖手。

在推荐商品的时候掺杂自己的意见和建议，要注意以下几点：

◎ 意见要中肯；

◎ 建议要实用、符合实际；

◎ 仅仅是建议而已，不要强迫顾客改变；

◎ 提出意见要自然；

◎ 说话谨慎，不要因此而得罪顾客；

◎ 再次推荐要到位，别让顾客因此而厌烦。

3. 价格高低的原因

同样一种商品，有的商场价格比较低，而有的商场价格则比较高。导致价格高低的原因是什么呢？很多顾客之所以没有下定决心购买，原因就在于价格千差万别，他们难以放心选购。那么如果你了解其中的“蹊跷”，不妨把价格高低的原因“坦白”给顾客，促使他们放心选购。

导致价格高的原因有以下几种：

◎ 店铺租金不同；

◎ 店员薪酬不同；

◎ 物流费用不同；

◎ 售后维护费用不同；

◎ 赠品费用不同；

◎ 会员级别折扣不同；

◎ 购买时机不同；

◎ 促销方式不同；

◎ 折扣让利力度不同；

◎ 产品质量不同；

◎ 使用期限不同。

4. 商品使用的小技巧

每件商品都有使用的小技巧，作为卖手，你可以把这些信息多多地向顾客“坦白”。不要以为做这些事情都是无益的，相反，它们能够帮助你赢得顾客的信任，从而让顾客自己说服自己。

情景范例 **我一般都是这么做的**

在蔬菜店里，有一位顾客边挑选蔬菜边大声地和同伴说话：“我觉得那个西兰花一点都不好吃，根本没有书上写的那么好，它也就是颜色好看而已。”他的话很快被旁边挑选西兰花的人听了个正着，这些人干脆放下了西兰花，开始挑选其他的蔬菜。

正巧店员王广走了过来，见到这一幕之后，他笑着对那位顾客说：“不会吧，兄弟，你是不是厨艺不佳啊，我做出来的西兰花人家都说很好吃呢。我告诉你，我一般都是这么做的，把它切了之后放开水里焯一下，等它半生不熟的时候再捞出来用红椒炒，记住，不要放味精，不然就串味了……”

听了王广的话，那位顾客觉得很惊奇：“是吗，那我要试试。”说完就挑了两个西兰花放到自己的篮子里。那些原本就挑选西兰花的人见状，也纷纷表示要试试。

告诉顾客使用商品的小技巧，对你来说并不会损失什么，不过却能帮助你赢得顾客的信赖，从而更加快速地说服顾客，提升自我气场。

现在，不妨搜罗一下，你所销售的商品有哪些使用了小技巧呢？

____

____

____

第三节　让顾客没有后顾之忧

很多人都知道说服顾客没有自己想象的那么简单，可是为什么会这么难呢？他们没有考虑过，或者简单地把责任归属到“自己口才不好”或者“同行竞争太激烈”等原因上。毫无疑问，这些确实是影响顾客是否下定决心购买商品的因素，但我要告诉你：它们不是主要的因素。在这里，你不妨思考一下，影响顾客下定决心购买商品的真正原因是什么？不管你想到了什么，都把它写下来，错了没有关系。

____

____

____

写得差不多了吧？现在我来告诉你：真正的原因是顾客对于购买商品有后

顾之忧。怎么样，你的想法和我的想法是不是一样呢？

心里有顾虑，就很难被说服，这就是作为卖手的你在说服顾客时经常会遇到的障碍。要想铲除这种障碍，最关键的一步工作就是解除顾客的后顾之忧，让顾客选得放心、买得放心。

解除顾客的后顾之忧不是一件简单的事情，它需要几个步骤配合行动：

1. 了解："忧"在何方？

既然是为顾客解忧，首先第一步就得搞清楚顾客为什么在购物的时候会产生忧虑。是害怕被卖手欺骗，还是害怕产品质量不好，或者是单纯地不知所措？你可以通过和顾客之间简短的对话进行基本的猜测，你也可以根据顾客的一些表现来进行判断：

◎ 顾客总是在同类产品中间选来选去，无法决定购买哪一个款式，说明顾客对产品的质量、款式还有一些忧虑。

◎ 如果顾客在商品的价格上有所迟疑，甚至明确表示要你便宜一点，很简单，对价格还有疑虑。

◎ 如果顾客表示要去其他店铺看看，可能是对你还不够信任。

◎ 如果顾客一句话不说，只是盲目地在商品之间走动，到处乱看，可能是单纯地不知所措，对于这样的顾客，你可以先进行"试接触"，如果他还是一句话不说，不愿意和你交流，干脆就不要浪费时间在他身上了。

◎ 如果顾客喜欢顾左右而言他，说明他对你的产品根本不感兴趣，只是现在不好意思明确回绝你罢了。

◎ 如果顾客把关注点放在售后的运输、安装、维护等问题上，显然他们对你的售后还持有疑虑。

顾客在购买商品的时候，忧虑还有很多，以上几点只是其中的一个部分，在此我就不一一列举了。不过，你可以利用休息时间，把它们尽量全部地罗列出来，这样对于提高你的销售技巧和销售气场是很有帮助的。

2. 解忧，要承诺更要行动

通过第一步的工作，现在你已经基本上了解了顾客的忧虑所在，这对于你说服顾客来说，意味着已经成功了一半。如果能够做好接下来的解忧工作，成功的希望基本上达到了90%。

在一些卖手的心目中，为顾客解除忧虑仅仅是回答顾客的疑问，是一个完全“动动嘴”的工作。事实上不是，为顾客解忧，不仅需要你给予顾客承诺和指引，更需要你的行动。举个很简单的例子，如果顾客对您售后“送货上门”的问题还有忧虑，此时你不仅要给予保证“下午五点之前一定给您送到家里”，而且还需要给予行动的证明，比如当着顾客的面给运输队的司机打电话，确认他们的行程安排，看看是否能够在自己承诺的“五点之前”运送到顾客的家。做到这两点，顾客的忧虑就会消失，说服基本上大功告成。

3. 做好“免费”“试用”文章

说到后顾之忧，在这里我特别要提示一点：一些顾客很想购买一种物品，但是考虑到购买之后，可能会和自己现有的工作、生活产生冲突或者发生矛盾，于是不得不决定放弃。如果你了解到顾客的忧虑是这种情况，而你恰好有权力的话，不妨做一下“免费”“试用”“试养”的文章。

情景范例

把小猫带回去试养两三天

一位妈妈带着一个小女孩来到一家宠物商店，小姑娘非常喜欢店里的一只小猫，但是妈妈却拒绝给她买，因为一旦家里养了小猫，现有的整洁可能会遭到破坏，而且如果一天都没有人在家，对小猫的生长不利。于是小女孩委屈地流出了泪水，最后演变成又哭又闹。

卖手小唐发现了这种情况后对妈妈说：“如果小姑娘喜欢的话，就把这只小猫带回去吧，相处两三天之后再做决定不迟。如果您不喜欢的话，就把它带回来。如果您喜欢的话再买下也可以。”

听到卖手这么说，妈妈和小女儿的脸上都露出了笑容，高高兴兴地带着小猫回家了。就这样，试养几天之后，全家人都喜欢上了这只小猫，小姑娘的妈妈又来到宠物商店买下了这只小猫。

从表面上看，这是一种典型的“先使用、后付款”的成交法，而实际上，卖手小唐是利用这种成交方法打消顾客内心的疑虑，促使他们真正购买商品。有统计表明，如果顾客能够在实际承诺购买之前，先行拥有该产品，交易的成功率将会大为增加。这种成交法之所以流行，是因为它能彻底打消顾客内心的疑虑，最终促成整个交易。

4. 切实提高顾客对自己的信任感

说服顾客、解除顾客内心的忧虑，需要卖手懂得提升顾客对自己、店铺的信任感。那么如何通过提升信任感来帮助卖手提高自我说服力呢？

看到这个问题，或许你心中也没有明确的答案。当然，你可能会说，对于顾客，只要将商品的性能、功用、优势统统讲给顾客听，就能帮助顾客下定决心购买了。其实，这只不过是一厢情愿的行为。这种“解说型”的说服方式根本就没有说服力，即便顾客听了也无法下定决心购买。毕竟，现在店铺之间的竞争如此激烈，没有一定的说服技巧，是很难获得成功的！

情景范例　　姐们儿，你不是在耍我吧？

王艳军在服装专柜前流连已久，千挑万选，初步筛选出三套被选服装，但一时又做不出决定，便向一旁的卖手小姐询问：“这三套看起来都不错，依你看，哪一套更合适？”

卖手看了看王艳军，机灵地答道：“个人喜好不同，我也不好说，不过我个人的意见倾向于粉色的，它让您看起来显得更年轻。”

王艳军将信将疑地说：“是吗？我觉得这套白色的也不错，你看呢？”

卖手反应很快：“是啊，这套确实也不错！”

王艳军的眼光又落到了另一套紫色的衣服上面：“这套紫色的更能衬托……是不是？”

卖手连连称是：“的确，和您的气质搭配得天衣无缝。”

面对卖手小姐八面玲珑的回答，王艳军彻底失去了对卖手的信任，他觉得这个卖手就是在耍自己，为了能够把商品卖出去，根本就不负责任。最后他无奈地说：“我还是回去考虑考虑再说吧，谢谢您费心介绍了。”然后转身离开了。

案例中卖手的回答是非常糟糕的，因为她不但没有解决顾客的忧虑，而且还加深了这种忧虑。

最糟糕的回答就是“个人喜好不同”这类只能使顾客更加迷惘的建议，让人如坠云雾。当顾客向你征求意见的时候，潜在的意思就是希望你能帮他拿个主意，而“这个很好，那个也不错”的回答会让顾客最初的愿望成为泡影，他的心情也许就会因此滑落谷底，所以这时候倒不妨直接询问对方：“请问先生，您打算在什么场合穿呢？”然后拿出自己的建议，这倒是会使对方在信服之后下定决心。

第四节 引导顾客自己说服自己

一次近乎完美的销售等于一次近乎完美的说服。作为一个卖手，你一直祈祷命运女神多照顾你一点，让这种近乎完美的说服在你身上发生得多一点。遗憾的是，你的祈祷命运女神并没有听见，你越是期盼，越是发现这种事情似乎从来就跟自己没缘分。

为什么会出现这种情况？原因有很多，前面我们也已经说了很多，在此就不再一一赘述，我现在就想告诉你一点：你忘记了引导顾客自己说服自己。引导顾客进行自我说服，这是世界上最巧妙的、最有效的说服方式。因为顾客自己的一个想法，可能胜过你的千言万语。

如何引导顾客自我说服？

1. 做好顾客体验工作

说到顾客体验，我们不得不提起一个人：乔布斯。为什么 iPhone 系列的手机能够销售得如此之好？除了产品本身的质量之外，还有一个很重要的因素，不知道你意识到没有，那就是他很看重顾客体验。从他的传记当中，我们可以了解到：他曾经为了提高顾客的体验效果，愣是花了将近半年的时间来设计苹果产品零售店铺的布置、流程等。乔布斯最常说的一句话就是：顾客真正获得了体验的快感，那么交易的成功率就达到了 90%。这是毫无疑问的事情，在任何国家、任何行业，这个数字都是有效的。

为做好顾客体验工作，需要你做到以下几点：

◎ 引导顾客体验，而不要代替顾客体验；

◎ 放大顾客体验之后的快感；

◎ 让顾客自己亲手操作；
◎ 询问顾客内心的感受；
◎ 注重顾客“使用新产品”之后的改变；
◎ 给顾客一流的服务；
◎ 注重体验的细节；
◎ 不要让顾客留下遗憾；
◎ 不以“没电”“不方便”等理由回绝顾客的体验要求；
◎ 给顾客足够的体验时间。

请问，以上几点，你做到了吗？

____

____

____

2. 善于利用顾客的忧虑

顾客有忧虑，并不意味着给说服顾客提升难度，相反，卖手可以利用顾客的这种忧虑，引导顾客进行自我说服。具体该怎么做呢？很简单，用事实依据打消顾客的忧虑，一旦顾客的忧虑消失，就等于顾客自我说服的过程已经完成，你的引导已经获得成功。

这里的“事实”可以是以下几种：
◎ 商品具体的参数；
◎ 现场试验的效果；
◎ 权威的鉴定书；
◎ 商品品质保证书；
◎ 其他顾客的证词。

情景范例　　**我们打开试试看吧**

王宾是某家电店铺的卖手，主要负责冰箱、冰柜的销售。有一天，他接待了一个顾客，很想购买一台某品牌的冰箱，但是他还有些担心，这个冰箱如果和他家里的那个冰箱一样，声音很大，麻烦就会很大，因为他的母亲有神经衰弱症，家里不能有太大的噪音。

认识到顾客的忧虑之后，王宾很快找来一个插座，对这名顾客说：“没事，这款冰箱是超静音的，现在我们就打开试试看吧，您可以仔细听一下，如果觉得可以再购买也不迟。”

很快，王宾打开了试用冰箱，结果正如他所说的那样：声音很小。很快，顾客就决定购买这款冰箱，并马上付了订金。

3. 使用好“睡眠效应”

所谓睡眠效应是指随着时间的推移，自己对某件事会产生和原先不一样的想法。比如，刚开始你可能会对某件事情持有不好的印象，可是随着时间的推移，你突然有一天发现，其实这件事情也还不错。心理学称这种现象为睡眠效应。

其实在我们的日常生活中，对于睡眠效应的应用并不少：比如你和顾客的交流陷入尴尬的时候，提出“先喝杯水，休息会儿我们再做决定吧”，让双方有一段冷静思考的时间。等重新选择商品的时候，进展会异常顺利。谈判到达高潮时或刚刚进行劝说后，给予对方一段思考的时间，会收到良好的效果。

其实，之所以会产生这样的效果，关键就在于人们通常会在这段时间里去理解别人所说的话、去反思自己的立场，然后尝试着自己说服自己。

4. 利用好“口碑效应”

什么是口碑效应？顾名思义，通过其他顾客对这件商品的口碑宣传，来引导顾客进行自我说服。比如很多卖手会说：“很多顾客买了这款产品之后都反应效果不错，你看我这里都有顾客的反馈表，您可以看一下。”

当然，顾客很快会被反馈表上的反馈意见所征服，完成自我说服，从而最终决定购买这款商品。

现在，请你思考这样一个问题：你觉得在使用口碑效应促使顾客进行自我说服的时候，要讲究哪些方面的细节呢？把你能够想到的写在下面的空格中。当然，如果以后你还想到什么，同样可以进行增补。

6 第六章

连带销售，发动连续性“攻击”

作为一个有气场的卖手，应不仅仅会把顾客所需要的商品销售出去，而且还应会根据顾客已经购买的商品，对顾客的需求进行再开发、再挖掘，从而利用这一次机会，销售出更多的商品，这就是我们常说的连带销售。

和单纯地把一件商品销售给顾客相比，连带销售就像是卖手发动的连续性攻击，让原本只是想要购买一个绣花针的顾客，最后拖了一车的商品回去。这样的卖手，无疑是最有气场、最抢手的卖手。那么你是不是这样的卖手呢？如果不是，你是否想要成为这样的卖手呢？

提升自我的气场，或许可以从学会连带销售开始。

第一节 本质是需求的挖掘与开发

什么是连带销售？顾名思义，就是顾客在购买一件商品的时候，卖手连带着把其他商品也一并销售给顾客。连带销售，其本质就是对顾客的需求进行挖掘和再次开发。要看一个卖手连带销售能力的大小，首先就要看他对顾客需求挖掘和再次开发能力的大小。

请问，你是一个善于挖掘和再次开发顾客需求的卖手吗？如果你心里没底，不妨来做个测试：

1. 你是否已经意识到“连带销售”的好处所在？

□ A：是　　　　□ B：否

2. 你是否觉得每个顾客的需求都是可以进行再次开发的？

□ A：是　　　　□ B：否

3. 你是否是个有热情的卖手？

□ A：是　　　　□ B：否

4. 你是否觉得自己有足够的自信开发、挖掘顾客的需求？

□ A：是　　　　□ B：否

5. 在和顾客交流的时候，你是否常说类似“您还要点其他的商品吗”这种话吗？

□ A：是　　　　□ B：否

6. 你会根据顾客的外在形象对顾客的需求做一个简单的判断吗？

□ A：会　　　　□ B：不会

7. 你是否曾经接受过“连带销售”课程的培训？

□ A：是　　　　□ B：否

8. 你是否善于“创造”顾客的需求？

□ A：是　　　□ B：否

9. 你是否明白顾客之所以愿意接受“连带销售”的原因所在？

□ A：是　　　□ B：否

10. 你知道“连带销售”的技巧是什么吗？

□ A：知道　　　□ B：不知道

统计：你的选项中，有几个 A 选项？

以上10个测试题中，如果你的答案中超过7个A选项，说明你对“连带销售”有着很深的了解，甚至你就是一个“连带销售”的气场型高手。如果你的答案中少于3个A选项，很抱歉，你对“连带销售”的理解还仅仅停留在“耳闻”之上，甚至还没有足够的“连带销售”的意识。如果你想成为一名有着强大气场的卖手，这一章你必须好好学习。另外，你还得寻找更多的关于“连带销售”的内容进行学习。当然，如果你的答案中A选项处在3 ~ 7个，同样需要对本章节进行了解，尽管你对此已经有了一定的意识，可惜还不够，还得加强。

如何开发、挖掘顾客的需求呢？

1. 通过物品关联挖掘需求

什么是物品关联？简单点说就是利用物品之间的相互作用而产生的一种关联效应。比如电视机和影碟机之间，就有一定的关联关系；音响和话筒之间也有一定的关联性；菜肴和锅碗瓢盆之间同样有一定的关联性。

一个善于“连带销售”的气场型卖手，只要看到顾客购买一件商品，就能很快想到与之相关联的商品，从而进行及时、到位的推销，连带销售的成功率就能获得大幅提升。如果对此你还有点迷糊的话，我们不妨来看一个案例：

情景范例　　**从面包到一套音响**

周六的上午十点，刚刚起床的小刚觉得肚子很饿，便想着到附近的超市去买一袋土司来垫一下肚子。走进超市，热情的卖手很快迎了上来，指引小刚到食品区选了一袋土司。正想走向结账台的时候，身边的卖手对小刚说："这位先生，我听说老干妈就着土司吃味道很好，您要不要试试看呢。我们的老干妈在那个货柜，我这就带您去？"

小刚想了想，点了点头："试试就试试吧，反正回家我也没什么好吃的。"

就在小刚买了老干妈之后，卖手又说话了："先生，我想您肯定刚起床还没吃早饭吧？我们这里有新鲜的水果，您看，还水淋淋的，您就不来点当早餐？"

小刚想了想，又点了点头。买了水果的小刚又想去结账台，卖手指着一瓶红酒对小刚说："干脆，您再来一瓶红酒，这样的早餐就显得更加有品位、档次了。这瓶红酒也不贵，几十块钱。"

……

就这样，小刚每买完一件商品，卖手就会趁机推荐一款商品，最终仅仅只想要买一袋面包的小刚，竟然搬了一个音响回去。

是不是觉得这个故事有点夸张？可能有点，但这的确是真人真事。通过这件事情，你是否也能意识到一点：其实很多看似没有任何关系的商品，只要通过你的巧言妙语，很容易把它们放在一起，引导顾客去消费、购买，这就是连带销售的魅力，也是衡量你连带销售气场大小的地方。

2. 通过"打空白点"创造需求

曾经有位营销专家说过这样一句话：蹩脚的卖手忽视顾客的需求，及格的卖手满足顾客的需求，优秀的卖手挖掘顾客的需求，有气场的卖手创造顾客的需求。

从这位营销专家的话中我们可以明白一点：创造需求是卖手气场的一种体现，也是提高连带销售能力重要的一环。那么如何创造顾客的需求呢？那就得使用一个办法：打空白点。顾客没有什么、不需要什么，我们偏要让他购买什么，并因此而形成一种固定的需求。

情景范例　"白开水爷爷"开始喝茶了

"尖尖茗"茶庄附近有一个很怪的老头，他从来不喝茶，也不喝现在的饮料，每天只是喝白开水，被人称为"白开水爷爷"。可是最近"白开水爷爷"

却改变了自己几十年的老传统，开始喝茶了。

这是怎么一回事呢？还得从“尖尖茗”茶庄的卖手小陈说起。那天小陈刚下班，就看见“白开水爷爷”从社区卫生院走出来，手上还缠着纱布，很明显，他身体不舒服，挂吊瓶去了。小陈小跑几步，把他搀回了家。为了感谢小陈，“白开水爷爷”想要给他倒一杯白开水，小陈见状便对他说：“我这里有现成的茶叶，是我们店里刚到的新货，这是老板给我们店员发的，我本来想回去泡着喝的，今天不如就在这里泡了，顺便你也帮我闻闻，这茶香不香。我知道，不喝茶的人鼻子最灵敏了。”

就这样，小陈把一杯茶泡在了“白开水爷爷”杯里。很快，“白开水爷爷”就被这种茶的香味给迷住了，忍不住端起杯子喝了一口。第二天，他就找到了小陈，购买了一大袋茶叶。

这种打空白点的做法和“把梳子卖给和尚”的做法有点相类似，其用意就是创造顾客的需求，从而达到销售的目的。如果你能像案例中的小陈一样，通过“打空白点”的方法，创造顾客的需求，无疑你是一个有气场的卖手。

3. 遵循“进一步”原则强化需求

所谓“进一步”原则是指按照顾客原有的需求，再进一步发掘，让顾客的需求变得更深、更广、更牢固。举个很简单的例子：原本顾客的需求只是买一颗白菜，如果卖手能够告诉他白菜的好处并且让他知道白菜和什么混炒味道最好，那么这位顾客对白菜的需求不仅不会消失，而且还会得到强化。

强化顾客的需求，这对你来说可能还是一个新的概念。没有关系，你可以沿着我的思路不断地琢磨，我想你会有新的发现。

第二节 了解顾客连带购买的心理

作为卖手，进行连带销售是一件非常有气场、非常创利润的事情，可是对于顾客来说，连带购买既要花费更多的金钱，也要浪费更多的精力来对付。这种劳神伤财的事情顾客为什么要做呢？

从表面上看，顾客这么做真的很傻。甚至你会认定这是卖手“忽悠”的结果，顾客回过神来之后一定会后悔。其实不一定。原因在于一点：顾客在进行连带购买的时候，也有自己的想法和目的存在，只不过是你没有注意或者不曾意识到罢了。

那么顾客进行连带购买的想法和目的是什么呢？或许有以下几点：

1. 受到利益的驱使

这一点其实很好理解：买得越多，折扣就越大。对于店铺来说，这是一种薄利多销的促销政策，而对于顾客来说，却是实实在在的让利。有这样的好事，又有谁愿意错过呢？在受到利益驱使，特别是受到“小便宜”的诱惑时，顾客原本只想购买一件商品的，往往会转为购买多件商品。

连带购买能够更便宜，这是大家的共识。如果是你，是否也会受到这种诱惑的影响，而成为“连带购买”大军中的一员呢？

情景范例 **组合销售更省钱**

“家佳好”家具店原本只是县城一个普普通通的家具店，规模不大，商品货物不齐全，完全是一副小本生意的样子。可是这两年，店里的生意却突然好了很多，在这里购买家具的顾客由原先只买一个家具变成了现在的买一套家具，这是怎么回事呢？

原来，家具店的老板刘女士在原来家具促销的基础上推出了“组合销售，组合促销”的模式，将原本一件一件出售的商品根据不同顾客的需求组合在一起出售，比如说卧室家具组合、客厅家具组合、厨房家具组合，甚至刘女士还和县城最有名的家用电器代理商合作，将一些家庭必备的家用电器也一起组合销售。正如刘女士在广告中所宣称的那样“一站式购物”，顾客只要走进“家佳好”家具店，就不必再跑第二家店铺，完全可以在这里选到自己所需要的家具。

鉴于以前家具店货物不太齐全的劣势，刘女士又通过各种渠道，和省城最知名的家具制造厂商取得联系，帮助顾客量身定做家具，这样一来，虽然店铺里面的商品种类不多，但是其潜在的货物品种却不少。并且，根据顾客的使用反映，刘女士还将那些既实用又美观的商品推荐给顾客。仅这一个原因，就吸引了不少的顾客。

当然，真正吸引顾客的还是刘女士提供的价格，不仅比以前所提供的价格还要实惠，而且还是全县城最低的价格，这样一来，几乎全县城的顾客都被吸引到了这里。其中一个顾客跟周围人算了一笔账，如果商品单买，按照以前的折扣，或许要花 1 万元左右，可是通过这种组合购买，这些商品或许只要 8000 到 8500 元左右，也就是说，在组合销售之后顾客足足省了 1000 千到 2000 元。

所以，在这些真正的实惠面前，顾客都会毫不犹豫地选择“家佳好”家具店，毫不犹豫地选择组合销售的促销模式。

2. 喜欢简单、方便的心理

如果没有必要，谁都不愿意天天逛街购物，如果能够一次性把商品购买齐全，肯定会给顾客省下不少的时间和精力。很多卖手正是了解了顾客的这种心理之后，在推荐顾客进行连带购买的时候常常使用这种方法。比如以下这些话就是他们常说的：

◎“××× 您要不要也带点回去？”

◎“这两种是配套使用的，您买了那个，这个也要带点的。”

◎“这是一套的，您单卖了其中几种，是不是不太好？”

◎“××× 商品今天搞特价，不带点回去您就亏大了。”

◎“这整个是包装好的，很方便，也很齐全。”

◎“这些商品都是日常用品，现在包装在一起，您自己就不用到处找了。”

类似的话还有很多，你自己可能也曾说过，现在，我需要你把它们都写下来：

____

____

____

3. 切实喜欢商品的心理

很多时候，顾客的连带购买有点被逼的成分。比如我们常见的几种商品包装在一起销售，或者几种商品组合在一起销售。在这些包装当中，多多少少有些商品是顾客不喜欢或者不够喜欢的，而他们之所以最终选择购买，只是切实喜欢其中的一两件商品。为了这一两件商品，他们选择了忍耐。

那么了解了顾客的这种心理，对于提升你的气场有什么样的好处呢？很简单：在推销的时候着重推荐顾客喜欢的商品，而避免推荐顾客所不喜欢的那些。遇到这种情况，你是否知道该怎么做呢？不如趁现在这个机会，在纸上演示一遍吧：

____

____

____

第三节　你应掌握的连带销售方式

连带销售，无论对于店铺还是对于你自己而言，都是有好处的。要想成为一个有气场的卖手，你必须掌握几种常见的连带销售的方式，不管这些方式最终能不能由你自己来决定，了解总是对你有帮助的。

哪些连带销售的方式是比较常见的呢？现列举以下几种：

1. 运用陪衬式连带销售

所谓运用陪衬式的连带销售就是指在销售中给顾客搭配更多的商品组合，常见的有“1+1”“1+2”，甚至是“1+X”。只要卖手觉得有必要，顾客认可，这个“X”可以是任意数字，也可以是任意商品。

举个很简单的例子：一位顾客到服装店去购买衣服，原本只是想买一件外套，可是他遇见的是一位有经验的卖手，并且她掌握了丰富的商品搭配知识，不仅知道衣服之间该怎么样搭配，还能通过颜色的调整，给顾客一个完整的搭配试穿，从而促使顾客全部买下卖手所推荐的衣服。

这种连带销售的方式，往往会给顾客一种锦上添花的效果，也让顾客乐于接受。尽管这样一来，顾客很有可能不只买一件外套，还得加上裤子、鞋子、袜子等一系列的“陪衬”商品，多花了不少钱，但顾客还是开心的。

现在，请你思考一下，要想使用陪衬式的连带销售方式，你还需要学习哪方面的知识呢？我不仅需要你的答案，而且还需要你的学习计划：

____

____

____

2. 家人推广式连带销售

所谓“家人推广式”的连带销售方式是指卖手在销售中告诉顾客：这种商品很不错，不仅适合你，也适合你的家人朋友，干脆一起给家人或朋友也顺便捎带两件。中国是一个讲究人情的国度，一般卖手这么说了之后，顾客基本上都会考虑是不是给家人朋友也带上一两套。除非真的没有必要，否则这种推销的成功率是很高的。

家人推广式连带销售方式有两个好处：

第一，能够和促销活动紧密联系在一起；

第二，成功率相对比较高。

情景范例

三套化妆品

一位年轻的女顾客来到一家店铺的化妆品专卖柜，她的本意是想快过年了，在春节回家的时候给老妈捎上一套化妆品，以尽份孝心。在柜台前，导购小姐为这位女顾客推荐了“美肤美”化妆品，一来适合中老年妇女，二来价格也很实在。

这位女顾客接受了导购小姐的推荐，准备购买一套“美肤美”化妆品。但是，这个销售过程并没有就此结束。导购小姐在与这位女顾客闲聊的时候，还进一步得知她家里还有两位婶婶。于是，导购小姐又向这位女顾客推荐给她的两位婶婶也各捎上一套“美肤美”化妆品，而且还有精美的促销礼品相送！这位女顾客心想也是，婶婶的礼物也是要买的，何不多买两套“美肤美”化妆品，况且还有精美的促销礼品，何乐而不为呢！最后，在导购小姐的大力推荐下，这位女顾客终于心动了，一下子在化妆品专卖柜买了三套“美肤美”化妆品。

这就是家人推广式的连带销售方式，既然得知顾客还有潜在的需求，那么，何不再加以推荐呢？请问，如果遇到类似的情况，你又是怎么做的呢？

____

____

____

3. 补零填充式连带销售

所谓“补零填充式”连带销售方式是指在销售中补零为整，从而引导顾客连带购买额外的商品。比如说茶壶是88元一个，茶杯是12元一个，共计100元整。可能原本顾客只是想购买一个茶壶，这样一来，不仅购买了茶壶，还买了一个茶杯。那么茶杯就是属于补零填充式连带销售的产物。

或许你也发现了这一点：很多情况下，在收银的时候收银员常常会利用收银台边的小物件，比如口香糖、打火机、铅笔等进行连带销售，看似简单的一句话，这一个月算下来也能为店铺增加一笔可观的收入。

情景范例　　**“没有找零”的店铺**

“好梦来”床上用品店铺是一个“没有找零”的店铺。所谓“没有找零”不是指不设找零，而是到最后的时候，卖手都会推荐一些小物件给顾客，以便补充零头，从而避免找零。

记得有一次，一位女性顾客想要到这里购买两条被子，在经过一系列的挑选之后，这位女顾客选择了其中的一款，价格为194元，两条为388元。

在收银台付款的时候，这位女顾客拿出来400元现金，但卖手并没有急着找给她12元的零钱，而这向她推荐了12元一条的枕巾，这样刚好是400元整。这位女顾客也没什么反对意见，欣然接受了卖手的推荐。

4. 促销推广式连带销售

这种连带销售的方式最为常见，即在销售中给予顾客一定的让利，让顾客购买更多的商品。总体来说，这就是一种“多买多送”“多买多让利”的促销策略。很多卖手觉得这样做会让店铺损失很多利润，实际上并不是如此。

情景范例　“爱补”超市大促销了

有一段时间，参茸市场被一些假货所破坏，使得人们对参茸补品的信心严重下滑。为了提升店铺的业绩，北京一家名为“爱补”的参茸超市决定利用促销的形式对店铺进行连带销售，从而提高店铺销售力。

可是顾客对这些商品根本就不怎么信任，那该怎么进行促销呢？卖手小王向店长推荐使用“多买多送”的促销活动，“买二赠一、买三赠二、买四赠三、多买多送”，只要顾客购买2盒参茸产品，就可以免费得到赠送的1盒；买3盒就可以获赠2盒；买4盒就可以获赠3盒……

促销活动举行的当天，吸引了不少的顾客。因为确实能从中得到不少的实惠，所以购买产品的人并不少，再加上店铺趁机进行宣传，销售量获得了大幅回升。很多顾客从原本的不信任开始慢慢地转向信任，并且还有很多一旁观看的顾客也加入了购买的行列。这一次，促销效果非常理想，“爱补”超市也从中赚取了不少利润。

这种连带销售的销售理念非常简单，鼓励顾客购买自己的商品，而鼓励的方式则是将一定比例的商品送给顾客。或许很多人会问，这样下去店铺不会亏本吗？其实店铺这样做是有自己的道理的。

“多买多送”并不等于“多卖多亏”。这种促销方案讲究的就是顾客的参与度，顾客越是参与，店铺赚取的利润也就越多。或许很多人会有一个疑问：既然店铺都将商品送出去了，店铺还怎么赚钱呢？其中的奥妙就在于所送的商品上。店铺让顾客购买什么商品是一定的，但是店铺送给顾客的商品是什么并不一定，因为所赠送的商品是非常灵活的。

那么作为一个卖手，你是否能够从中获得一些启示呢？不管你想到了什么，只要对提升自我气场有用，就把它写在下面的空格中：

____

____

____

7 第七章

挺直腰杆，该拒绝时决不妥协

作为一名卖手，你自然得想方设法让顾客接受你的产品与服务。很多卖手把这一点当成自己的终极目的，为了实现这个目的，不惜一切代价。不过我们似乎也应该反思一个问题：是不是为了让顾客接受我们的产品和服务，什么事情都能做，什么样的情况下都应该点头答应呢？

显然不是。做卖手，特别是做一个有气场的卖手，不能把自己放在“卑微”、“完全服从”的位置上，你应该有自己的原则，有自己的操守。挺直腰杆做人，该拒绝的时候决不妥协。说到底，买卖是一个互相探底的过程，你只有坚决说“不”，才能真正表明你的立场，才能让对方感觉到你的底线，从而接受你以及你的商品服务。

第一节 说“不”，是一种态度

“现在的生意是越来越难做了，顾客越来越刁钻、越来越不好伺候，稍有不慎，就有可能得罪顾客，失去交易的机会……”

和一些卖手交流，你很容易就能听到类似的说法。是的，市场竞争激烈，对手步步紧逼，这使得很多店铺根本没有更多的时间和余地来“对付”顾客。似乎他们只有不断地满足顾客的需求、不断地把顾客当成上帝，对顾客的不合理要求一路开绿灯，顾客才愿意上门，完成交易。暂且不说这样做是不是会影响店铺的形象和信誉，即便你觉得没有，也会造成一个事实：把顾客惯坏。

情景范例　扭头就走的顾客

自从“酒驾入罪”的办法实施以后，很多顾客在选择饭店吃饭的时候都会附加一条：饭店是否能够提供代驾服务，即在顾客消费满一定的额度之后，饭店免费为开车消费的顾客请代驾司机。

很显然，请代驾司机是一个比较大的开支，如果店铺实行了这种做法，利润空间将会大幅缩减，此外，一旦代驾过程中出现问题，比如出现交通事故、代驾司机拿走顾客的钱财等状况，饭店还有可能面临巨额的罚款。也正因为如此，很多饭店都没有这一项优惠措施。

那天，某饭店的前台服务员晓雨接待了一个顾客，这名顾客一进来，什么话都没有说，只是黑着脸问晓雨：“你们这里有免费请代驾的优惠措施吗？”

听了顾客的询问，晓雨非常客气地回答：“对不起，先生，我们店铺暂时还没有这项优惠措施……”晓雨刚想接着说什么，顾客就头也不回地走了，而且嘴里还说了一大堆不好听的，这让晓雨觉得很郁闷。

说“不”，这是一个态度问题。如果你没有意识到这一点。你很有可能失去一切，包括你的气场。当然，要想做一个有气场的卖手，敢于向顾客说“不”仅仅是其中一个方面。除了这一点之外，还有三方面的内容：

1. 对老板说“不”

从表面上来看，卖手是店铺老板的一名属下，在工作的问题上，应该服从店铺老板的指派才对。不过在此我应该声明一点：这种服从必须是有一定限度的。说到底，这并不是完全服从、无论对错都必须执行的服从。否则，你会在很多违规的事情上成为老板的“帮凶”，甚至是“替罪羊”。

在必要的时候，请对你的老板说“不”，这不仅是为你自己好，也是为老板好、为店铺好。

情景范例　　对不起，老板，我不能这样做

田倪是某超市卖场干果部的一名卖手，她的目标是当一名像乔吉拉德那样的卖手，不说扬名天下，至少能够成为受到尊重的卖手。

照着这个目标，田倪一直在努力，每次都是积极地为顾客服务，无论是顾客遇到了问题，还是有自己的困难，田倪都尽量去帮助。可是最近，田倪却和老板之间产生了矛盾。原来有一天，老板告诉田倪，超市理货员因为出现了差错，仓库当中还有一些散装的干果已经过了保质期，如果扔掉，将会给店铺带来很大的损失，所以老板要求田倪把这些过期的干果掺杂在没有过期的干果中间，以次充好，减少店铺的损失。

听到老板的想法，田倪想都没想便说：“对不起老板，我不能这样做。如果你因此开除我，我很乐意递上辞呈，因为说明这并不是我应该待的地方。”

遭到田倪的拒绝，老板尽管很生气，但还是“放过”了田倪。同事们知道了这件事之后，纷纷称赞田倪做得对。

对老板说“不”，需要你的正义，更需要你的胆量。很多时候，你对老板说了“不”，老板也会对你说“不”而把你赶出店铺。你是否会感到害怕或者有所担心呢？不管有什么样的感觉，都正常，我理解你。不过如果你真的这么做了，更多的人会敬重你，认定你是一个有气场的卖手。

你是想要当老板的“帮凶”，还是一名有气场的卖手呢？

____

____

____

2. 对同事说“不”

如果你是店铺里的新人，很有可能遭到同事的“欺负”。最脏最累的活让你去做不说，还有可能在不知不觉之间向你提出更加无理的要求，如果你不答应，他们会让你生活在“水深火热”的状态之中。

很多卖手正是因为受不了这种“特殊待遇”，而不得不屈从于自己的同事，以换取片刻的宁静。有的甚至会同流合污，一起欺负刚招来的新手，把内心的怨气一股脑地撒在新手身上，就算给自己报了仇。

这显然是一种阿Q思维和做法，受到别人的欺负转而去欺负他人，这样的人是可悲的，也是最没有气场的。如果你不想做这样的人，就应该在当初同事欺负你的时候，对他们坚决地说“不”，表明自己的立场。

那么在什么样的情况，应该坚决对同事说“不”呢？

◎ 同事对你提出了不合理的要求；

◎ 要你无条件地配合他们；

◎ 胁迫你参与违法的事情；

◎ 把你当成挡箭牌；

◎ 要你背黑锅；

◎ 排斥你、挤兑你。

要想和同事之间搞好关系，一定的忍耐是必要的，但请千万记住：真正的忍耐是有底线的，否则就是退却、无能。你和你的同事之间是一种合作关系，两者之间有着平等的地位，面对他们不合理的要求，请一定要坚持自己的底线，坚定地对他们说“不”。

现场测试：

在你的同事之间，有一个人是老板的亲戚，他因此而变得目中无人，经常动不动就欺负别人，要求别人帮忙卸货或者理货，如果别人不答应，就会想尽一切办法挤兑他、折磨他。别的同事因为惧怕他的势力而不得不答应。有一天，他把目光转到你的身上，想要欺负你，你会怎么做？

____

____

____

3. 对自己说“不”

要想当一名有气场的卖手，除了必要的时候对顾客、老板和同事说“不”

之外，还要敢于对自己说“不”。对自己说“不”？是不是觉得很奇怪？拒绝了自己，就能提升自己的气场了吗？是的，在这几种情况下，你一定要对自己说“不”。

◎ 出现怠工、工作不积极的情况；

◎ 被老板或同事胁迫而屈服的时候；

◎ 因厌倦工作想要跳槽的时候；

◎ 贪小便宜而做损人利己的事情时；

◎ 意志不够坚定的时候；

◎ 屈从于顾客的无理要求时。

对别人说“不”，对你来说可能要简单、干脆一点；而面对自己的时候，这种干脆劲要大打折扣，甚至消失不见。以上这几种情况我们都有可能遇到，而且也都能给予理解，但并不意味着我们可以纵容自己、放松自己。请记住，气场，容不得半点马虎。

第二节 拒绝，和气场并不冲突

面对顾客，任何一位卖手都难免要面临说“不”的情况，有时面对顾客提出的一些无理要求，容不得卖手不说“不”。不过，你和很多卖手在担心一个问题：如果拒绝了顾客，会不会削弱自己的气场？毕竟，拒绝，很多时候会将自己和顾客之间的距离在无形间拉大，也或多或少会让自己变得尴尬，这难道对气场没有威胁吗？

要想回答这个问题，请容许我反问一句：如果你答应了顾客的无理要求，就是一种有气场的表现吗？

拒绝，和气场并不冲突。而且如果你拒绝得当，还能提升自己的气场。那么怎样才能拒绝得当、提升自己的气场呢？以下几点要做到：

1. 拒绝，要讲究尊重礼貌

这一点很好理解，但做到并不容易。面对顾客的无理要求，甚至是辱骂，你还能做到尊重并礼貌地拒绝他们吗？能够做到这一点的人很少，绝大部分的卖手很有可能选择对骂，或者干脆动手。即便没有如此出格，也会一整天不开心，伺机把情绪发泄到别人身上。

请你一定要明白：这是很没有气场的行为，请不要让它们再次发生。无论在什么样的情况下拒绝顾客，无论遇到多大的委屈，都请你一定要做到尊重、礼貌。因为这是最体现一个人素质和涵养的时候。顾客没有素质，没有涵养，损害气场的是他们，你又何必和他们一样呢？

情景范例　这群客人真是“混蛋”

在某饭店工作的巧儿是一个非常懂礼貌、有涵养的人，可是她最近遇到了一桌非常难伺候的客人，也差点让她形象尽失。好在最后关头，她忍住了。她因此被店长评为“全店最优秀的店员”。

那天，巧儿像往常一样把一桌客人安排在包厢里，熟练地为他们一一倒茶，然后把菜单递给他们，其中一个人接了菜单，开始点菜。在点了一些菜之后，其中一个顾客对巧儿说：“服务员，给我们来一份清汤娃娃鱼吧。”

一听是娃娃鱼，巧儿很快告诉这位顾客：“对不起先生，这是国家保护动物，我们店里没有这道菜。很抱歉！”

这名顾客一听，非常生气：“没有你就不会去弄吗？别的店都有，你们装什么纯啊？”

面对顾客的抱怨，巧儿没有说话，只是笑了笑，继续站在那里为他们服务。这个时候，突然有一名顾客把她拉到一边，轻声对她说：“服务员，你是不是能为我们找一些能够提供‘特殊服务’的女孩子？你明白的，很多店铺提供这样的服务。”

听到顾客这么问，巧儿的脸都红了，但她还是非常镇定地说：“对不起先生，我们这是正规饭店，不提供那样的服务，如果你觉得本店不能符合你们的要求，你们可以换一个地方吃饭，很抱歉。”

没想到，这名顾客不仅不收敛，还对巧儿动手动脚说：“不提供那样的服务？那你们今天就为我们破个例吧？或者你陪我们哥几个喝几杯？”说罢就把巧儿往他怀里拽，好在巧儿一只手扶住了物品柜，才没有被他拉走。

遇到这样的事情，巧儿很想狠狠地扇他一个嘴巴，不过为了店铺考虑，她还是异常有礼貌地对这名顾客说：“这位先生，请你自重，我们是正规店铺，我想你可能误会了。如果你来这里消费是为了其他的目的，我想你们找错地方了。现在，请你们考虑一下，是好好吃饭呢？还是到其他店铺消费，这扇门时刻为你开着。”

一听到巧儿这么说，其他的几名顾客知道自己的同伴有些失态了，便纷纷出来平息。一场风波就这样平息了，巧儿以自己的行动向所有人证明了她的能力和气场。

不管顾客消费与否，卖手都要给予他们尊重和礼貌的服务。案例中的巧儿遇到的事情，如果换做另外一个卖手，很有可能因此而起纷争，影响店铺的信誉和形象。幸运的是，巧儿用自己的素质和涵养，坚定地拒绝了他们的不合理要求，维护了自己的权益。

在我们身边，还有很多像巧儿一样的卖手，在此，我们要向他们致敬！

2. 拒绝，要让顾客知道原因

“不行就是不行，问那么多原因干嘛？”“这是我们店长交代的，具体原因我也不知道”“要买就买，不买就拉倒，不要问为什么，跟你说了你也不知道”……在我们身边，很多卖手在拒绝顾客后遭到反问的时候都会采用类似的说法，他们这样做或许只是单纯地拒绝顾客，也可能是不想给不愿意购买的顾客解释，他们觉得解释了也是白解释，对提升业绩没有任何的帮助，甚至还会耽误自己的时间。

显然，这样的拒绝是不够有气场的。因为没有原因的拒绝是盲目的，会引起顾客的猜疑，从而让这次失败的交易失败得更加彻底一点。如果单纯只是这次交易失败了，下一次还有可能成功；如果你拒绝顾客的时候没有说清楚原因，那么顾客就会因为产生了猜疑而不愿意再到你的店铺消费，对你、对店铺来说都是一个巨大的损失。

情景范例　　买二送一的“骗局”

某服装店正在举行买二送一的促销活动，但并没有写明具体买什么送什么。一名女顾客在挑选了两件衬衫之后，想要卖手晓晴给她送一件夹克，被晓晴一口否决：“不行。”

“为什么不行啊，你上面不是写着买二送一吗？我难道不是买二送一吗？”女顾客据理力争。

“我说不行就是不行，那么贵，怎么可能送给你？”晓晴的口气不是很好，气得女顾客扔下衣服就走。在附近挑选衣服的顾客见此情景，也纷纷离去。一时间，店铺内静得有些吓人。

再过了一段时间，那名女顾客又经过这家店铺，正好这家店铺又在促销，女顾客的朋友说："我们进去看看吧？"没想到女顾客使劲地拽着朋友说："别去，这家店不可信，特别是里面那个女服务员，脾气坏着呢，我们干嘛花钱买罪受……"听了女顾客的话之后，一群人都打消了消费的念头，转向了另一家服装店。

其实说买二送一是一场骗局，未免有些过分。而卖手晓晴在拒绝顾客的时候没有说清楚原因，使得顾客产生了误会，最终不仅丢了生意，还让自己背上了"坏脾气"的不良形象。这对晓晴的气场来说，简直是一场灾难。试想，如果当时晓晴能多说一句话、多解释一下，还会出现这种情况吗？

我想，你在工作中也可能会遇到类似的情况。平时你是怎么做的？现在，你又该如何做呢？

____

____

____

3. 拒绝，要给顾客台阶下

前面我们已经说过一点：拒绝顾客的时候也要记得尊重顾客，礼貌行事。那么除了在言辞上要礼貌，多说"对不起""抱歉"这类话之外，还有一点要注意：给顾客台阶下，不至于令顾客在被你拒绝之后显得过于尴尬。

情景范例　　可能是您很长时间没逛街了，不知道价格

趁着五一放假的机会，晴黎和她的同事郁芳一起去逛街，准备给自己淘几件夏天穿的衣服。这个时候，夏装基本上都已经上市，价格也还算可以。很快，她们就在一个店铺看中了一条连衣裙，不管是颜色还是样式，都非常好看。该店铺的卖手向她们介绍："这是今年最流行的款式，我保证你们穿上之后，更加漂亮，更显身材。"

"好吧，那这套连衣裙要多少钱呢？"晴黎边看连衣裙边问卖手。

“这套连衣裙原价 889 元，现在打 8 折，是 711 元。我现在是不是就给您包好呢？”卖手很熟练地把连衣裙叠好，就想往包装袋里面放。

“不会吧，这么贵？我看这衣服也就值几十块钱。这样吧，80 块钱，我们就拿走，多了就不要了。”郁芳狠狠地砍了价。

“小姐，对不起，这个价钱我们真的不行，可能是你很长时间没有逛街了，不知道行情，这也情有可原，不过你如果硬是要这个价格，我只能说抱歉了两位。”

“是的，我们很久没逛街了……”晴黎就坡下驴，两个人很快离开了这家店铺。

案例中，卖手因为和顾客之间价格谈不拢，拒绝了顾客。换做其他的卖手，遇到顾客这样砍价，估计早就发火了，恨不得把她们两个都赶出店门。不过这名卖手没有这么做，也没有让顾客因为自己的拒绝而觉得难堪，因为她给了她们一个台阶：很久没有逛街而不知道价格。尽管这个台阶有些牵强，但至少可以减少很多尴尬。

不要小看这一点，一个卖手的素质、气场往往就在这点滴间体现。下一次，当你想要拒绝顾客的时候，请不要忘记给他一个台阶下。

4. 拒绝，要为下次成功交易开路

拒绝了顾客，意味着这一次的交易机会丧失。很多卖手只是单纯地觉得可惜，却没有想到：这一次的拒绝可以为下一次的成功交易开路。换句话说，你这次拒绝了顾客，不能断绝了顾客再来消费的路，甚至可以引导顾客下一次再来消费。

情景范例　好吃的糖醋鱼没有了

某饭店有一道招牌菜：西湖糖醋鱼。据周围的人介绍，这个饭店的这道菜最正宗，比那些大饭店的西湖糖醋鱼还要好吃。所以，每天来这里点这道菜的人非常多，甚至还有很多人人未到，订餐的电话就已经打过来了。

有一天，一位顾客过来想要点这道菜，服务员面露为难之色，她告诉顾客：“对不起先生，这道菜今天已经卖完了，您看您能不能换一下？”

顾客：“卖完了？我们来就是听说这道菜好吃，现在你让我们换，这不太好吧？我看后厨还有几盆做好的西湖糖醋鱼，为什么不端出来啊？”

服务员：“是这样的，那几个菜是别人已经定好了的，他们一会儿就要过来了，所以我不能把它们给您端出来。您看，您大老远的过来，也真是不容易，要不这样，您今天先委屈一下，我去和我们店长商量一下，给您今天的菜打个八折，然后我给您一个电话，明天来之前可以先预订一下，您看行不行？”

顾客想了想说：“好吧，那也只能这样了。”

案例中，服务员拒绝了顾客，但显然她的拒绝并没有断绝顾客再来消费的念头，而是通过折扣、订餐等方法，诱导顾客再次前来消费。短短几句话，显现出了她的聪明。这样的卖手是最成功的卖手，也是最有气场的卖手，任何一个店铺都需要。

请问，你是一个什么样的卖手呢？

____

____

____

第三节　拒绝顾客，不拿店铺说事

如何有效地拒绝顾客，是摆在卖手面前一个比较棘手的问题。面对这个问题，有的卖手选择了单纯的拒绝，表情僵硬地告诉顾客“不行”“不可以”，至于为什么“不行”“不可以”，他们并不愿意说，也不知道该如何说。而更多的人则选择另外一种方法：拿店铺说事。似乎他们觉得只要把店铺搬出来、使用店长的名号，就能让这些顾客知难而退，不再追问拒绝的原因。

拿店铺说事真的管用吗？不一定。衡量管用与否，不仅要看顾客是否还会追问，而且还要看顾客是否真心接受你的拒绝，下次还会不会光临店铺。如果不是真心接受，这样的拒绝就是失败的。

经过我长时间的统计和调查，得出一个基本正确的结论：拒绝顾客时拿店铺说事的卖手，十之八九不是有气场的，而被他们拒绝的顾客七成人表示不会再上这样的店铺消费。由此可见，拒绝顾客时拿店铺说事是不太聪明的，也是对店铺、对自己不够负责任的行为。

常见拿店铺说事的表现有几种：

1.“这是我们店铺的规定”

每个店铺或多或少都会有自己的规定，比如有的店铺规定卖手不能私自给顾客降价，有的店铺规定只有买够多少钱才能享受贵宾折扣，还有的店铺规定对不符合售后服务条件的客户坚决不服务……

这些规定规范了卖手的行为和思想，也让卖手找到了拒绝顾客时的“尚方宝剑”。可能你说起来很顺口，也很管用，但在顾客听来，这是“霸王条款”的一种形式。他们不太愿意到这样的店铺消费，也不愿意和这样的卖手打交道。

情景范例　**这是我们店铺的规定**

李女士在某家电超市购买了一个品牌电饭锅，花了她四百多块钱。可是这个电饭锅质量并不好，在回家用了几天之后，提手竟然出现了裂纹。这可是严重的质量问题，如果蒸饭的时候出现了断裂的情况，岂不是很危险。

很快，李女士就拿着购物的发票和劣质的电饭锅来到了这家超市，要求换货。可是接待她的服务员却口气强硬：“你这个电饭锅是不是摔过啊，这里怎么会裂开？”

听到服务员这么说，李女士很生气：“我正要问你们店呢，卖这么劣质的电饭锅，还来质问我，我就问你，换还是不给换？”

服务员：“不能换，你这个我怀疑是人为破坏的，所以不能给你换。”

李女士：“这不是人为的，不信你可以拿去检测。”

服务员：“我们可以拿去检测，不过检测费用可得你自己掏。”

李女士：“为什么？检测费还得我们自己掏？”

服务员：“是的，这是我们店铺的规定，没有办法改变的。”

店铺真的有这样的规定吗？不见得。这只是很多卖手用来拒绝顾客的一种“招术”而已。至于这种“招术”是不是管用，会不会被顾客拆穿，他们并不去考虑。不过我们可以试想一下，如果自己是顾客，遇到这样的情况，我们会不会相信呢？很难。

这就是症结所在：拿店铺规定说事的拒绝很难被接受和相信，这样的卖手也很难赢得信赖，从而提升自我气场。

2.“本店不提供这种 ××”

当顾客想要某种商品或者服务的时候，卖手却告诉对方：“对不起，本店不提供这种商品/服务。”提不提供商品或者服务，这是一种客观现象。表面上看用这样的方式来拒绝顾客是最好不过的，不仅不会得罪顾客，而且也不会让别人觉得难堪。可事实上并不是如此。你仔细想想：如果你是顾客，遇到这样的情况，你会有什么样的心情，对这个店铺的看法又是怎样的呢？

答案很明显：失落，进而埋怨这个店铺，从此以后再不愿意进去消费。对卖手的气场来说，这何尝不是一种损失呢？

那么如果你的店铺真的不提供顾客想要的商品或者服务，你又该如何有气场地拒绝他们呢？

____

____

____

3.“这样我们就赚不到钱了”

开店就是为了赚钱，无论是老板还是卖手，都朝着这个方向努力。这个背景，你不说，别人也知道。可是当你真正把它当成拒绝顾客的说辞时，对你气场的削弱是非常明显的，你甚至会背上“小气鬼”“守财奴”的罪名。

请问，如果你天天被人这么叫着，还有什么气场可言？

情景范例　　**再降我们就亏本了**

顾客程先生想要买一台冰箱，时值这家店铺正在举行“打折”的促销活动。程先生想要购买的这款冰箱原价1588元，去除补贴、打完折之后是1180元。看到这种情况，程先生对卖手说：“这样吧，干脆我给你1000元得了，把零头给我抹掉，行不行啊？”

卖手一听程先生又在讲价，便想也没想地说：“不行，不行，这是最低价了，再降我们就亏本了。”

听到卖手这么说，顾客程先生就气不打一处来：“你们天天都在喊，要把最大的实惠带给顾客，你看我今天让你便宜这么一点钱都不干，还说要亏本了，跟我们哭什么穷啊。我看你们根本不是要亏本，而是赚得太多了。”说完，程先生头也不回地走了。

记住，不管你的店铺是不是能够赚到钱，都不要和顾客说。原因很简单：不管你怎么说，顾客都认为你是赚钱的。拒绝顾客的砍价，你完全可以换一种方式进行。比如重申商品的质量、承诺日后的服务、和其他商品做比较等。

方法很多，就看你懂不懂得收集了：

____

____

____

第四节 要拒绝，就做到自信决然

拒绝别人，并不只是说个“不”字这么简单。即便只说个“不”字，有的卖手可以说得理直气壮，有的卖手却说得一点自信都没有。要想成为一名有气场的卖手，除了在其他方面提升自我气场之外，也得在拒绝别人的时候，提升自我气场。

什么样的拒绝算是有气场的呢？我们可以用四个字来形容：自信决然。你是如何理解这四个字的呢？

____

____

____

自信决然，顾名思义，要自信地拒绝顾客，也要毅然决然地拒绝顾客，既不要显示出自己的心虚，也不要让顾客有“反抗”的余地。具体该如何做才能真正达到自信决然的境界呢？我想以下几点是你需要理解和修炼的。

1. 不心虚、不内疚

在很多卖手的心目中，拒绝顾客总是不好的，似乎在他们的意识之中，拒绝了顾客就等于亏欠了顾客，在无形之中开始变得有些心虚、内疚。可能和你出现怯场的情况有些相似，也有可能你认为拒绝了顾客，会给店铺的生意带来影响，甚至自己因此而失业。

我承认你的这些想法有一定的合理性，但你并没有做错什么，为什么要心虚？

当你感到心虚的时候，不妨问自己以下几个问题：

◎“我是故意拒绝顾客的吗？”

◎“我的拒绝给顾客带来损失了吗？”

◎“因为我的拒绝顾客受到伤害了吗？”

◎“我的拒绝不合理吗？”

◎“我有对不起顾客的地方吗？”

按照以上几个问题，简单地给自己的拒绝做个测试，根据你的测试答案，你能够很清楚地看到自己的心虚、内疚是否有必要。

另外，如果你只是单纯地因为紧张、怯场而心虚、内疚，不要紧，牢记一句话就可以了：你没有必要为拒绝顾客而心虚内疚，因为顾客也时时刻刻准备拒绝你。

请重复一遍这句话：你没有必要为拒绝顾客而心虚内疚，因为顾客也时时刻刻准备拒绝你。

2. 要坚持，一口咬定不放松

在日常生活中，我们常常有这样的经历：我们拒绝了对方，可在对方的恳求下，我们又收回了拒绝，答应了对方的要求。人心总是友善的，面对别人的请求，我们很难坚持自己的拒绝，做到自信决然。

不过在拒绝顾客的时候，你一定要这么做。只有不断地坚持自己的拒绝，你才能亮出自己的底线，才能真正告诉顾客：我不是随随便便拒绝的。当然，也才能真正提升你的气场。

坚持自己的拒绝，要做到以下几点：

◎ 不要随便改口，任何形式的都不行；

◎ 记住，没有“万不得已”的情况；

◎ 拒绝后最好快速离开，或顾左右而言他；

◎ 牢记自己的底线；

◎ 不要去想“如果我答应，会……”的事情；

◎ 为店铺的利益着想。

交易，是一个互相探底的过程，如果你能坚持你的拒绝，无异于告诉你的顾客：这就是我的底线，再恳求也没有用。或许，你的拒绝能够帮你提升业绩，也能让你坚定自己的内心，帮助你迅速走向成熟强大的气场。

3. 有分寸，不说狠话

拒绝的目的不是为了和顾客吵架，把关系弄僵。拒绝的出发点是为了保证店铺的利润和自己的气场，如果你因为想要拒绝顾客而和他吵了架，说了狠话，就明显背离了我们的初衷。所以，在坚持拒绝的时候，一定要懂得分寸，该说什么、不该说什么、该运用什么样的礼仪，心中要有数。

◎ 不说顾客的风凉话；

◎ 不说侮辱、讽刺顾客的话，比如“买不起就别买”；

◎ 多说店铺的困难；

◎ 多征求顾客的理解和支持；

◎ 多说“对不起”“抱歉”等谦语；

◎ 多说抚平顾客情绪的话。

除此之外，你是否还想到其他方面的内容呢？

____

____

____

8 第八章

临门一脚，有效切入“交易模式”

从迎接顾客，到为顾客介绍商品、谈价格……这一系列的行动都是为了最后一个环节：成交。就像足球射门前所有的传球都是为了最后的临门一脚一样。成败与否，与前面的环节有关系，与后面的临门一脚关系更大，可以说成败在此一举。

一个有气场的卖手，不仅能够把握前面几个环节不出差错，而且还能在最后这个环节，重点掌控，利用自己的言辞技巧、行为技巧等有效地切入“交易模式”，快速把顾客拿下，以免夜长梦多，出现顾客临时走掉的情况。

既然是临门一脚，就应该讲究“稳”“准”“狠”，具体该如何做，要讲究哪些方面的内容呢？不妨现在就随我一起，进入本章的学习。

第一节　说好几句话，业绩大增

要想有效地帮助顾客从交谈模式切入交易模式，需要你说好关键的几句话。既然是关键的几句话，就意味着这些话不能不说，也不能乱说。说得好，对业绩提升、气场提升有帮助，说得不好，前面的努力就会白费，气场就会遭到削减甚至消失。

你在交易的时候，应该说好哪几句话呢？我把它们都罗列在下：

1.“您是……还是……”

很多顾客在购买商品的时候，很容易被眼花缭乱的商品搞晕，以至于什么都想要，却因为没钱或者其他的原因不下手，如果此时卖手不进行引导，快速切入交易模式，这笔生意很有可能会失去。

遇到顾客这种“商品太多而拿不定主意”的情况，请千万记得说一句话：“您是……还是……”利用“二选其一”的技巧，变相地帮助顾客拿定主意，促成最后的交易。那么为什么这种“二选一”的说话方式能够促进交易呢？道理很简单，这种方式能帮助顾客缩小选择的范围，更加看清楚自己想要购买的商品，以便更好、更快捷地选择。除此之外，这种法则还会在无形中给顾客造成一种心理压力，这种心理压力迫使顾客赶紧做决定。

情景范例　　**是A产品还是B产品呢？**

柯敏敏想要买一套化妆品，为了能够买到最适合自己的，她不惜使用时间战术，准备把一天的时间耗在这件事情上。她有时间可以耗，卖手却没有那么多时间陪。

尽管逛了大半天的时间，柯敏敏对于自己应该购买哪个品牌的美容品还不是很确定，虽然卖手艾丽将近为柯敏敏讲解了一个上午，可柯敏敏还是犹豫不决，不知道到底应该拿哪个。

好在艾丽是一个非常有经验的卖手，她很快意识到柯敏敏陷入了“难以选择”的误区之中了，于是，她在综合地介绍了这些美容品的优劣之后，果断地问柯敏敏：“根据您的情况，我觉得A产品和B产品比较适合您，那么您是拿A产品还是B产品呢？”

“是吗，那就给我拿A产品吧，谢谢你帮我选择！”

就这样，卖手艾丽很快就完成了交易。

使用“二选一”的话术确实能够帮助顾客快速地切入交易模式，不过在此你也应该意识到一点：不是任何时候都可以使用这种话术，只有在顾客真正了解了各种商品的特性、无法在几种商品之间选择的时候才能使用。否则就很容易让顾客产生误会：我还没了解完，你这么问不就是在赶我走吗？

2.“我建议您试用一下”

试用，目的就是让顾客切实体验到产品。这种话术对于一些刚刚上市的新产品，或者当顾客对产品还没有产生信心的时候，最为有效。这样做，不仅可以让顾客“试买”一番，而且还能提升顾客的信心，只要顾客觉得质量不错，接下来的交易自然也就好做了。

情景范例　给您一个试用装吧

美容店里，卖手田美正在向顾客媛媛小姐推销自己的服务和产品。

媛媛小姐：“我还没有在你这里做过，我不知道你们的效果到底明显不明显！”

田美：“媛媛小姐，我理解您的感受，不过我建议您可先做一次护理，看看效果和感觉，如果感觉好的话，您再办卡怎么样？我们有一些客人刚开始也是这样的，但试完后，感觉很舒服，就办了年卡。”

媛媛小姐：“这种产品我还没有用过，不知道效果会不会好啊？”

田美：“媛媛小姐，我很理解您的担忧。这样吧，我先给您一个试用装，您可以试用一下，如果好的话，再来购买也不迟，如果效果不好，也不会有太大的损失。我们给有些客人介绍时，客人刚开始也是有点信心不足。但经过试用，都说效果好，还带亲朋好友来买，我想到时候您也会这样的。”

建议顾客试用，这也是有效切入“交易模式”的优秀话术之一。卖手说这句话，意在提醒顾客：我们可以交易了，如果你对我们的产品还不够放心，我们可以为你提供试用装，记得下次还来这个店购买。

当然，很多店铺会留下领取试用装顾客的联系方式，以便到时候能够回访联系，这是这个话术的后续行为，也不可缺少。

3.“我帮您……”

“我帮您查一下”“我帮您弄……”“我帮您处理一下……”当卖手说这些话的时候，不要简单地以为他只是在为顾客服务，事实上，这也是快速切入“交易模式”的话术之一，因为在这种话术之下，原本应该属于店铺的商品，在无形之中就变成了顾客的。而且在绝大多数情况下，“帮助”完了之后，就是顾客掏钱包的时候。

情景范例　　**我帮您清理一下**

一位中年男士到数码商店买手提电脑，挑到最后时看着一款手提电脑问：“这款无论是颜色、款式还是配置，都符合我的要求，就是价格贵了点，请问能便宜点吗？”

卖手程程：“您的眼光真好，这款是我们这里卖得最好的一款，因为我们的商品讲究质量，并且厂家统一定价，所以我们不能随便给您降价。不过如果有任何问题，一个月包换，三年保修，您可以放心使用！……”

程程还没有说完，中年男士就提出了异议：“这款屏幕是不是有点花了？”

卖手程程：“我们马上给您清理一下！”

说完，卖手程程以试探的口吻，关切地问：“您急不急？如果不急，我们马上从仓库重新拿一款还没有拆封的。”

中年男士说：“好，那就重新拿一个吧！”

这是一种套近乎、获取顾客信任的方式，也是帮助顾客决定交易的方式。对于很多顾客来说，他们即使有意购买，也喜欢东挑西选。特别是女性顾客，更喜欢在商品颜色、规格、样式及售后服务上不停地打转。这样一来不仅浪费了卖手的时间，甚至还可能因为顾客在商品上发现的一些小问题而终止交易，功亏一篑。因此，这个时候，卖手就应该果断出击，通过热情地帮助对方挑选颜色、规格、样式以及向其交代商品的付款方式、交货日期、保修和日常维修等问题来帮助顾客拿主意，一旦上述问题解决了，你的销售也就成功了。

4.“哇哦，简直太棒了”

很多时候，我们需要通过鼓励的方式帮助顾客快速地切入“交易模式”，该如何鼓励呢？方法很简单：真心地欣赏和赞美他，甚至让他感到，如果不购买这件商品，以后可能真的会后悔，从而从侧面给他压力，让他自己来说服自己。

这样的话术看似很平常，却非常有效。不信的话就来看下面这个案例：

情景范例　天呐，您和衣服就是绝配啊

顾客顾晓堂正在试穿一件衣服，卖手婷婷在旁边帮忙看。

突然之间，婷婷发出了尖叫：“哇哦，真是太棒了。无论是款式、颜色还是身形都感觉挺好，尤其是那个领子，虽然有点不对称，但是穿在您的身上，却有了一种别样的风采，还有这里的扣子很别致，这是这款服装专用的扣子！天哪，真是太好看了。而且浅浅的灰色裤子，有点发亮却又不会太亮，时尚而不失稳重，素雅中透着前卫，配上您的气质，这简直是锦上添花，您和这套衣服简直是绝配啊！”

“是吗？你没有骗我吧？”顾晓堂喜滋滋地问道。

“嗯……”婷婷故作沉吟，然后又说道，“如果您不相信，我就有点无话可说了，只能说是恰如其分，恰如其分啊！我敢说，任何人穿了这套衣服都无法达到您这样完美的效果，这套衣服完全就是为您量身定做的嘛！不对，有些时候量身定做也很难有这样的效果和神韵。真的，不骗您，这边有镜子，您可以自己照照看嘛。”

“哪有你说的那样好。”顾晓堂虽然在反驳，但是脸上的笑容已经绽放如花了。

婷婷：“现在要我帮忙包起来吗？”

“真要买啊？”顾晓堂似乎还有些犹豫。

“当然要买咯，”婷婷夸张地说道，“难道您愿意如此适合您的服装穿在不适合的别人身上吗？”

“那好吧，就是它了！”顾晓堂很快掏出了钱包。

正是婷婷的善于赞美和激励，使得顾晓堂最终放下了防卫武器，乖乖地举手“投降”。由此可见，赞美是促成女性服装交易的利器。当然，卖手只能稍微夸大一些效果，而不能去捏造，诱使顾客买下不合适的商品。

在具体的销售活动中，卖手常用的赞美语言有：

◎“先生（小姐），像您这样有品位的人，就应该适当地享受一下高档的

生活，因此我给您推荐这款最时尚，也是当前最高档的产品，您看……”

◎“先生（小姐），一看就知道您是一个有文化的人，这个书柜您要是买回家绝对会给您带来更好的文化氛围，您觉得呢？”

◎“这套衣服真是太适合您了，穿上它，我觉得您的气质和体形简直完美得无懈可击。当然了，要是能够再配上这个坤包，哇……简直没得说。”

5.“我帮您分析一下”

有时顾客之所以不能最终下定决心完成交易，是因为他们不懂得分析商品的利弊，比如说一些商品难免有些缺点，而他们又不知道这些缺点会不会影响自己的使用，所以一下子很难下定决心。遇到这种情况，卖手就应利用自己熟悉商品、懂得行情的优势，帮助顾客进行利弊的分析、权衡商品的优劣，突出商品带给顾客的利益和好处，促成交易。

情景范例

我为您分析一下

在一个专卖睡衣睡裤的店铺前，顾客陈丽可正在犹豫不决，不知道自己是不是该购买手里拿着的这条睡裙。

陈丽可：“这条睡裙价钱是蛮便宜，就是感觉做工粗糙了点。”

张森：“您说得很对，不过我可以帮你分析一下，您看啊，睡裙都是平时在家穿，外人是很难见到的，就是做工粗糙点也没有大问题，只要自己穿得舒服就可以了。最重要的是这个价钱，可以说是全国最便宜的了，而且这料子也特别舒服，纯棉的！买一条还是非常值得的！”

从以上这个案例我们可以看出，卖手张森采用了典型的“利弊分析”话术，把商品带给顾客陈丽可的好处放在前后两头，中间再插入弊端，比如说“当然，它也存在某某的不足……但是……”这样一种说话模式，这种话术使得人们只记住了前后的“好”，而对中间“不好”的部分印象不是很深刻，这也意味着这样的建议能达到强化优势、淡化弱点的效果。

第二节 不要给顾客太多犹豫时间

或许你在很多地方都听过这样一句话：要给顾客充分的时间来考虑，不要把顾客逼得太紧，否则顾客很有可能走掉。

从某种程度上来说，这句话是正确的。不过这句话有个很大的缺陷，那就是没有给“充分的时间”做出明确的定义。充分的时间到底是多长的时间，怎样判断时间给得是否已经充分？如果没有明确这一点，交易的失败率会很高。因为过于充分的时间会让顾客变得犹豫不决，从而产生“我再看看”的想法。

现在，我来告诉你，要想判断时间给得是否充分，可以从顾客的言辞中得出。当顾客说话的时候出现“嗯……”“哦……”“这样啊……”等明显延迟情绪的时候，说明顾客已经进入了犹豫的状态，时间已经非常充分，如果不快速切入交易模式，他们很有可能走掉。具体交易时间一般在交谈开始6～11分钟内。超过这个时间，完成交易的概率很低。

现在我们来解决另外一个问题：如果顾客已经进入了犹豫的状态，我们该如何破解、快速完成交易呢？这里给你提供几个方法，供你参考：

1. 直接请求顾客购买商品

当顾客流露出明显的成交信号、有明确的购买意向之后，你可以直接要求顾客成交，以缩短顾客犹豫的时间，促进交易。否则，顾客很容易因为犹豫不决而拒绝购买。交易其实就是一种“你追我赶”的游戏，卖手“追”得紧一点，顾客就“赶”得紧一点，而顾客“赶”得紧一点，成交的效率也就高一点。因此，如果卖手能适时地使用“直接请求”的成交方法就可以尽最大可能地帮助顾客拿定主意，完成交易。

情景范例 **买补品的老大爷**

在药品店里，一位老大爷在补品柜前面徘徊了很久，显然还没有选好要买的商品，或者他根本不知道想要买点什么好。这个时候，卖手小王迎了上去。

卖手小王：“大爷您好，今天您想选些什么补品呢？”

顾客：“这段时间睡眠不太好，想要买点补品吃吃，你看哪种比较适合我这种情况呢？。”

卖手："啊，那就来两盒'××金'吧，它的效果可好了。特别是对于老年人，效果更是明显！您没看电视上天天放的广告吗？"

顾客："电视上播的真的有用吗？我好像有点不太相信，那广告太花哨，给人不真实的感觉。"

卖手小王："有用的，我父亲上个月也是睡不好觉，吃了两盒就恢复正常了，我看您体格还不错，吃两盒准能行！怎么样，我现在就给您装起来，好吗？"

顾客："好吧，我听你的。"

很显然，卖手小王在看出老大爷的意图之后，直接给予了建议并要求成交，最终获得了成功。看到这里，你可能要问一个问题：是不是在所有的情况下，都能使用这种方法呢？显然不是，在以下几种情况下使用，效果可能更好。

◎当面对老顾客时

如果你是和老顾客交易，事情就比较好办一些，无论是气氛，还是忠诚度，都更加有利于直接成交，完成交易。比如顾客看中了某件商品，你可以一边打招呼一边提出成交建议，比如说："这件衣服不错，怎么样，前几次听我的没错吧？现在我就给您把它包起来？"

◎当顾客对商品产生好感时

顾客一旦对商品产生了好感，卖手就应该趁热打铁，在顾客对商品好感还没有消失之前，完成交易。比如你可以这样对顾客说："您眼光真好，很多人都觉得这件衣服不错可就是身材不好，您身材这么好，值得买一件，我现在就给您拿一件新的？"

◎需要促使顾客集中思考购买问题时

遇到需要促使顾客集中思考购买问题时，也可以用直接请求成交法。如卖手在回答完顾客的疑问之后，可以直接提出："现在没有问题了吧，那么就买下这件？"很明显，这种直接请求并不意味着催促顾客马上成交，而仅仅是将顾客的思路引导到成交上来。

◎当顾客提不出新的异议时

顾客在提不出新的异议的情况下，说明在心底里已经愿意购买商品了，只是很多时候又不便主动开口。这个时候卖手就可以利用直接请求法，以节约时间，结束销售过程。

在发现顾客有明显的成交意向之后，要大胆地提出成交的意向，不要害怕会遭到顾客的拒绝。在一般的情况下，只要不出很大的纰漏，顾客都不会拒绝你的。不过在这里我还是要跟你说一下，如果遭到顾客的拒绝，很有可能产生一些对接下来的交易不利的事情，比如说：

（1）可能破坏销售气氛。

对顾客来说，卖手的请求就是一种无形的压力，如果卖手请求得着急了，对于顾客来说，这种压力是非常大的，弄不好还会造成误解，给销售平白添些阻碍。所以对于卖手来说，可以请求，但不能过分，应该适可而止。

（2）可能使卖手失去控制权。

直接请求怎么会使卖手失去控制权呢？原因很简单：你在请求顾客购买的时候，一些顾客会认为是卖手有求于自己，从而获得心理上的优势和成交的主动权，而卖手就陷入了一种被动之中，进而增加成交的困难，降低成交效率。

（3）可能引起顾客的反感。

如果卖手过分使用直接请求成交法而遭到顾客的拒绝，不仅有可能丢失生意，而且还会引起顾客的反感，影响二次销售。

2. 为顾客设计出成交方案

如果遇到有些顾客犹豫不决或者对两种以上商品无法定夺的时候，卖手就可以使用这种方法来帮助顾客定夺，选择成交法是使顾客只在有效范围内进行成交方案选择的一种成交技术。当然，有一点要注意：提出选择时，最好能让顾客在两者之间选其一，避免向顾客提出太多的方案，否则选择成交法的效果就不能很好地体现出来。

比如说，在早餐店，很多卖手都会问：“煎饼是加两个蛋呢，还是加一个蛋？”或者“您要豆浆呢还是稀饭呢？”无论是一个鸡蛋还是两个鸡蛋，对于顾客来说，都是卖手给予自己的提示，这种情况下，顾客往往不会一个蛋都不加。

情景范例　　**要“露”还是要“霜”**

某品牌化妆品卖手对一位正犹豫不决的中年女性顾客销售化妆品。

顾客：“现在的化妆品品牌那么多，真不知道该挑什么样的才是合适的！”

卖手：“您说得很对，当然是挑选适合自己的化妆品才是合适的。比如说本品牌推出的两款化妆品‘××露’和‘××霜’就是比较适合中年女性的化妆品，它们不仅具备其他同类化妆品的普遍优点，而且还特别注意到了中年女性的皮肤，不仅需要增白，还需要保养，于是在增白的基础上增加了保养的功效，所以对于中年女性来说，用了这两款化妆品，皮肤会变得更加滋润，有光泽，有弹性，这样才能更长时间地留住青春。那么您是要‘××露’还是‘××霜’呢？”

从某种程度上来说，这就是一种“二选一”或者“多选一”的成交技巧，能够有效地缩短顾客犹豫的时间，促使顾客下定决心购买。在使用这种方法之前，卖手必须做好一系列相关的准备工作：

◎ 熟练掌握商品的各种信息，以便在给顾客介绍的时候尽可能地全面和详细，并且能够针对顾客的情况推荐商品。

◎ 仔细收集顾客对销售要点的反应，对顾客进行分类，并且区分出每一类顾客所感兴趣的要点和利益，这样就能有针对性地进行销售。

◎ 将优点和利益进行汇总概括，并且通过概括来对顾客进行有针对性的销售。

当然，和其他成交法一样，使用这种方法同样有需要注意的地方，比如：内容不宜太多太杂，否则会使顾客产生厌烦心理；不要加入新的补充内容，否则将出现新的异议，增加没有必要的误会，拖延成交时间。

3. 抓住顾客的从众心理

每个人或多或少都会有一定的从众心理，当你想要让陷入犹豫的顾客快速切入交易模式的时候，也可以利用这种心理，促成交易。比如当顾客感觉品牌繁多，不知如何是好，而自己所销售的产品正好是大多数人购买的商品时，你就可以使用。一般来说，效果比较明显。

情景范例　　**用的人多质量更有保障**

顾客梁先生想要购买一台空调，面对市场上琳琅满目的电器已经花了眼，根本不知道自己想要购买哪个品牌的空调，这个时候，某品牌空调的驻场卖手王颖上前为梁先生介绍。

王颖：“先生您好，请问您需要什么？”

顾客梁先生：“我想买一台空调，可是现在市场上空调的品牌真是繁多，都不知道该挑哪一个品牌的比较好！”

王颖：“您说得很对，不过我觉得挑电器还得挑品牌的、质量好的。最直观的评判标准就是哪一种用的人多，比如说我们这个品牌，80%的市场覆盖率，也就说明10个家庭有8个家庭在用，质量肯定没问题的，您觉得呢？”

顾客梁先生：“你说得很有道理，我相信大家的眼光，那就选你的品牌吧！”

4. 刺激顾客，“逼”他逆反

很多顾客之所以在选购商品的时候会陷入犹豫，原因在于一点：要考虑家人特别是爱人的意见。尽管他们都没有说，内心还是会犯嘀咕：如果我买了这件商品，她不喜欢怎么办？她怪我乱花钱怎么办？我们会不会因为这件商品而争吵？

如果你认定对方犹豫不决是因为这方面的原因，不妨选择“激将法”，运用恰当的语言技巧刺激顾客，利用顾客的逆反心理来促成交易。毕竟每个人都爱面子，如果卖手能很好地选择对象，在不伤顾客自尊心的前提下适当地进行刺激，说不定会达到很好的销售效果。

情景范例　　**要不咨询一下您爱人的意见**

某男性顾客对某件商品比较感兴趣，但购买时却犹豫不决。一直在柜台边走来走去，迟迟不敢动手。

卖手王俊走上前，微笑着问到：“先生，是不是您爱人把您管得很紧呀？要不要先征求一下你爱人的意见后再决定呢？”

顾客一听，头摇得跟拨浪鼓一样：“不用不用，我是大男子主义者，想干什么就干什么，这不用和老婆商量。”

话音未落，他就决定要购买其中的一件商品。

5. 用紧俏催促顾客

人都有一种“越是得不到就越想得到”的心理，其实在销售活动中，你可以利用人们的这种心理来达到促成交易的结果。使用这种催促的方法确实能大大地提高销售的效率，但是有一点要切记：使用这种方法，卖手一定要诚实，绝不能欺骗顾客，即卖手所说的话一定要有凭有据，不能信口开河，否则一旦顾客发现被欺骗，卖手不但不能成交，而且会失去顾客的信任。

情景范例

卖完就没有了

秋天到了，凉鞋开始清仓促销。一位顾客在货摊面前挑来挑去，试了一双又一双。看得出来，她很喜欢其中的一双凉鞋。见此情景，卖手毛燕走了上去。

卖手毛燕："您好，您看这鞋怎么样，是不是很合您的脚呢？"

顾客："是的，我确实很喜欢这双凉鞋，可是价格确实也不低，所以我还想考虑一下。"

卖手毛燕："您说得很对，但是这种号码的鞋只有最后一双了，我们是在清仓断码鞋。我看很适合您，您穿上感觉怎么样，舒服吗？"

顾客："很舒服！"（正在考虑购买）

卖手毛燕："这就对了，能买到一双真正合脚的鞋子确实很不容易，再说这是过季的鞋，卖完就没有了，假如您先到别处看看再回来，恐怕这双鞋已经被别人买走了，那时您就该后悔了。所以我劝您还是不要犹豫了。"

顾客："这样啊……那……好吧，就它了。"

利用顾客"怕买不到"的心理来刺激顾客，用最短的时间来完成交易，对提升店铺的业绩和卖手本身的气场有着强大的帮助，不过要想利用这种方法也是有时机性可言的。最佳时机包括：

◎ 当摆放在柜台上的商品剩余数目不多时，利用这个时机催促顾客一番，让他们尽快地下定决心。

◎ 商品有销售时间限制或者赠品有时间限制的时候，让顾客尽快决定，否则不是买不到商品就是拿不到赠品。

◎ 当然，还有一种情况就是顾客处在两难境地，比如说顾客舍不得买又不想放弃的境地，遇到这种情况，卖手同样可以利用这种技巧来催促顾客完成交易。

第三节　达到自然、有力的标准

引导顾客，把顾客引入“交易模式”是提高业绩的一个有力手段，也是你提升气场的必要工作之一。显然，你只有成功地引导顾客，店铺的业绩才能提高，你的气场才能真正提升。

如何才能成功地引导顾客进入“交易模式”呢？前面我们已经了解到了一些具体的技巧和方法。那么你是不是以为只要了解了这些技巧和方法，就能获得成功了呢？显然不是。除了具体的方式方法之外，还有一点非常重要：在引导顾客进入交易模式的时候，要做到自然、力度的标准。

自然，讲究的是不给顾客“逼迫”的感觉，而有力，讲究的则是做法不能太“棉柔”，对顾客毫无影响力。

具体该如何做呢？

1. 询问，让顾客自己判断

引导顾客进入交易模式，很容易让顾客产生一种错觉：我是被卖手忽悠的，其实并不是我自愿购买的。特别是一些店员使用“软磨硬泡”的功夫之后，顾客的这种感觉更加明显。一旦顾客购买了某件商品而后悔的话，会把责任全部推到卖手身上。很多顾客在退货的时候，就明显有这种情绪。自然而然，受到这种情绪的冲击，作为卖手，你的气场高不到哪里去。

那么具体该如何做才能既引导顾客切入交易模式又不至于让其产生“被逼”的感觉呢？有一个很好的方法可以用——询问，通过询问顾客意见的方法，让顾客自己做出判断。那么接下来所作的任何交易，都是顾客自愿进行的，即便后悔了，和卖手也没有关系。

情景范例　　**请问您是……**

一名女性顾客在连衣裙橱窗前转悠了很久，也试穿了很多套。可是从始至终，都没有要购买的举动。一直为她服务的卖手小唐意识到这一点之后，很快做出了反应：“小姐，您的眼光很不错，米黄色的连衣裙和这种带有浅色条纹的连衣裙都挺适合您的，衬得您皮肤特别亮。”

顾客:“是吗?”

卖手小唐:“是的,请问您是想要米黄色的这条呢,还是带有浅色条纹的那条呢?或者两条都要呢?”

顾客:“既然你觉得好看,那就两条都要吧。也难得遇到适合自己的衣服。”

卖手小唐:“是的,您说得很对,这需要缘分的,请稍等,我这就为您包起来。”

很显然,案例中的卖手小唐在顾客没有流露出要购买的意向时,所作的工作是非常到位和有效的,采用“请问您是……”的询问方式,让顾客自己判断。表面上看是把主动权交到顾客手里,实则是让顾客陷入“二选一”的被动之中。最重要的是这种询问的口气,使得顾客深信这是自己做出的决定,而不是被卖手逼迫所为。

请不要误会,我这么做不是在教你推卸责任,而是要告诉你如何积聚并保存自己的气场。这对你来说,是非常重要的一课。

在我们的日常工作中,常见的询问句式有以下几句,你可以花点时间,把它们牢记下来:

◎“请问您是……”

◎“要不要现在……”

◎“能不能……”

◎“您看,是不是……”

◎“您是否……”

◎“有没有打算……”

◎“您今天……是这样吗?”

2. 建议,让顾客自己做决定

作为买手,你除了可以询问顾客之外,还可以从自己的角度给予他们专业的建议。这些建议能帮助他们理清头绪、找到真正自己所需要的东西,更最重要的是,它们能够帮助顾客快速做出购买决定。

情景范例 **我建议您……**

一行人来到一家火锅店，准备大吃一顿。可是在具体吃什么的问题上，一行人产生了分歧，有的要吃肥牛，有的要吃青菜，还有的要吃鸭血等。如果这些人点的菜都来一份的话，可能会剩下很多，吃不完。

就在大家不知道该如何办的时候，站在一旁的服务员说话了：“这样吧，我建议你们点一个套餐，里面不仅有肥牛、精品羊肉、青菜等，而且我们还可以送一个拼盘，这样你们就能把自己想吃的东西拼在一个盘里，既能吃到，又不会浪费，怎么样？”

听了服务员的建议，大家异口同声地答应了。

案例中的服务员是非常聪明的，她不仅了解顾客为什么会产生分歧，而且熟练地运用自己的建议消除这种分歧，从而使得交易快速完成。

给予顾客建议的做法有什么好处吗？有。

◎ 能够给顾客明确的引导；

◎ 间接帮助顾客下定决心；

◎ 让顾客自己去决定；

◎ 不会让顾客觉得自己是被逼迫的；

◎ 提高自己的专业度，彰显气场。

请问，当遇到类似的情况时，你是否会使用这种方法促成交易呢？

____

____

____

3. 软性施压，不让顾客说“不”

给顾客压力，对于帮助卖手完成交易来说是非常管用的一个途径，可是你也应该明白：一旦我们给了顾客太大的压力，就会引起顾客的逆反心理，从而导致顾客放弃交易，选择离去。那么该怎么办呢？

很简单，给予软性压力，在不知不觉中断绝顾客回头的路，不让顾客说“不”，对你来说，这就是一个成功。具体该如何做呢？

◎ 给予顾客一定的“便宜”

所谓给顾客“便宜”，说到底就是让利销售，这是一种通过为顾客提供某种优惠条件，比如说在价格、服务上给顾客提供更多的优惠条件，来促成交易的方法，此方法利用了顾客喜欢“贪小便宜”的心理，实行让利销售，促成交易。比如卖手说：“先生，按照规定，您买三件才能获得赠品，不过您要是现在买的话两件就能获得我们的赠品，希望您能帮我们多多宣传，用得好的话下次带朋友一起来！”

◎ 用“机会不多”软性施压

用“机会不多”的方法进行软性施压是指卖手直接向顾客提示最后机会，促其立即购买的一种成交技巧。这其实就是利用“最后期限”“最后机会”等能够渲染“后悔”效果的方式来刺激顾客进行成交的一种方式。比如“我们这款商品只剩下三台了，我们离最后的优惠时间也只有一个星期了……”

4. 刺激与激励，牵着顾客鼻子走

在引导顾客进入“交易模式”的时候，要想做到力度，就应该把主动权放在自己的手里，牵着顾客的鼻子走。当然，要想达到这个目的，刺激与激励是比较可行的方法。

所谓刺激，是指通过言语、行为等方式让顾客受到一些刺激，从而促使他们买下商品。举个例子来说，很多卖零食的店铺总是把注意力放在孩子身上，“引诱”孩子。如果父母拒绝为孩子购买零食，他们可能会哭，父母也只能乖乖“投降”。

在你的日常工作中，是否也曾遇到或用过类似的方法呢？请把它们的经过写下来，然后好好反思一下，是不是这么一个道理呢？

____

____

____

第四节 有效应对“交易拒绝”的方法

我所尊敬的“销售之神”乔吉拉德曾经说过这样一句话：有销售，就一定会遭遇拒绝。那么在遇到顾客拒绝的时候该怎么办？

或许你会告诉我：赶紧转身去招呼其他的顾客，毕竟这个顾客都放弃了，如果再把时间和精力放在这些人的身上，不是在浪费时间吗？暂且不管是不是会浪费时间，有一点是肯定的：在面对顾客拒绝的时候，我们一定要做好应对，而且是有效应对，否则交易很容易因此而“流产”。

具体该如何做呢？

1. 针锋相对，解决疑惑异议

所谓“针锋相对”，并不是真的要和顾客吵架或者理论，而是利用为顾客解除疑虑的机会，直接向顾客提出成交的要求，促成最后的交易。使用这种成交法的优点是非常明显的，主要有以下几点：

◎ 异议并不代表顾客拒绝交易，而是表示一种成交契机，这种契机可以明确地告诉卖手该如何去把握。

◎ 在处理异议的过程中，可以适当向顾客施加一定的成交压力以便让顾客自己改变。

◎ 在处理异议过程中诱使顾客购买所销售的产品或者更多的其他商品。

情景范例　60个员工要4套产品

某顾客在文印部看一整套的文印机器，想要购买，却因为价格太高而最终想要放弃。这个时候，卖手走了过来。

卖手：“按照您刚才跟我说的情况，我觉得您很有必要购买4套这样的产品，这样才够用。”

顾客：“我现在没有办法决定一次买4套。”

卖手：“我知道您在犹豫什么，不过我相信您最终还是会选择买4套的，毕竟您有60个员工，难道您想让他们都挤在一个办公室里排队使用这套产品吗？这样不仅会影响工作效率，说不定还会引起员工的误解，说您抠门呢！

是不是？所以说您购买4套的理由应该是可以成立的。对不对？”

顾客：“好吧，成交。”

很显然，当买手希望顾客购买4套产品的时候，顾客是拒绝的。遇到一般的卖手，估计就放弃了这宗买卖，可是案例中的卖手却没有这么做，她很快提出了顾客的疑虑，并给予了解决，最终促使顾客按照自己的建议，购买了4套产品。由此你可以了解一点：顾客之所以会拒绝，除了价钱方面的原因之外，还有可能是他们心中还有疑惑没有解决，这个时候你一定要迅速介入，快速地把问题解决掉，这样交易才能继续，你的气场才能获得提升。

2. 以小取大、以小攻大

当你想要和顾客做一笔大生意的时候，顾客却拒绝了你。这个时候你该怎么办？是顾影自怜，还是再拼一把，通过“局部交易”的方式来影响最终的交易，从而达到做一笔大生意的目的？

举个很形象的例子：狮子捕获了一头水牛，它很难一口就把它吞下，最好的办法就是把水牛一块一块分开，然后再吞食。生意也是如此，一次就完成一笔大生意可能有些难度，这个时候，不妨从小生意入手，一步一步朝着自己的目标进发，效果可能会更好。这种成交法是以小攻大的，即逐渐由小到大，由小攻大，由小求大，先小点成交，再大点成交，最终促成顾客做出购买的决定。

这种成交法的优点是可以减轻顾客成交的心理压力，有利于卖手主动地尝试成交。除此之外，还能为卖手保留一定的成交余地，有利于卖手合理地利用各种成交信号有效地促成交易。当然，如果运用不当，则容易分散顾客的注意力，不利于突出商品的主要优点，顾客会因次要问题纠缠不清，导致交易失败。

小点成交法适用情况：

◎ 顾客不愿直接涉及决策的重大问题，而只对成交的某些具体问题产生兴趣。

◎ 顾客对于商品的购买意向只在于某一小点，或款式，或颜色，或交货时间，或付款方式等。

◎ 卖手未发现任何成交信号，需作出能够避免冷遇或反感的成交尝试。

◎ 成交气氛比较紧张，顾客的成交心理压力太大，交易无法直接促成。

◎ 顾客对某些特殊品的购买决定只凭借某一特定的小点问题。

3. 保证、保证，给予保证

很多顾客之所以想要放弃交易，有很大一部分原因是因为他们心存担心，比如如果中途出现问题怎么办，售后服务跟不上怎么办……在一系列的担心当中，交易的欲望很快就消退了。这个时候，我们就一定要给予保证，挽回自己的生意。使用这种成交法可以很好地消除顾客的心理障碍，增强顾客的成交信心，同时可以增强说服力以及感染力，有利于最后的成交。

保证成交法的适用时机：

◎ 使用保证成交法的时机是产品的单价过高；

◎ 缴纳的金额比较高；

◎ 购买商品时的风险比较大；

◎ 顾客对商品的功能并不是十分了解；

◎ 顾客对商品的特性质量也没有把握；

◎ 顾客在购买过程中产生心理障碍而对成交犹豫不决。

请问，你是否使用过这种方法呢？如果没有，请想想，你该如何使用才是正确的、有效的呢？

____

____

____

9 第九章

终端信息拦截，你会吗？

顾客前来购买商品往往不是盲目的，他们都或多或少带来了一定的信息。面对这种信息，很多卖手的做法是想方设法把顾客所了解的信息和自己的商品联系在一起，从而促成销售。

请问，你是这些卖手当中的一员吗？如果是，很遗憾，你只是一个普通的卖手，你的行为并不能体现你的气场。

面对顾客带来的这些信息，什么样的行为才是有气场的呢？很简单：对这些信息进行拦截，然后灌入对自己、对自己产品有利的信息。这是一种“洗脑”的行为，如果你能做好，将不仅是一个优秀的卖手，而且也是一个有气场的卖手。基本上所有的顾客，你都能够搞定。

终端信息拦截，你会吗？如果不会，不妨好好学习，为提升自己的气场打下坚实的基础。

第一节 顾客是需要教育的

以前我们一直在说要满足顾客、服务于顾客，这是一种“顺应顾客思维”的销售行为。可以说，绝大部分的卖手，都在使用这种销售行为。至于这种销售行为的效果如何，想必你也很清楚，应该根据不同的情况来判定。

那么是不是我们一定要顺应顾客的思维，才能做好销售工作呢？很显然不是。在最近几年，“反顾客思维”的销售模式被提了出来，而且得到了广泛的应用，效果良好。其中“教育顾客”就是最为典型的一个。

什么是“教育顾客”？简单点说就是引导顾客的思维，向着有利于自己的方向发展。那么顾客为什么要进行教育呢？在本章开始的时候，我们就说到一个问题：顾客前来购买商品，并不是盲目的，特别是在当今网络如此发达的情况下，很多顾客都是在网上咨询好价格、款式之后再进行有目的的选购，如果此时还使用“顺应顾客思维”的销售方法，店铺的利润空间势必会受到挤压，卖手的销售工作势必会变得艰难。

这是店铺的销售瓶颈，更是卖手提升气场的瓶颈。要想突破这个瓶颈，就得从教育顾客开始。那么如何教育呢？得一步一步来：

1. 清空顾客的信息

既然顾客是带着自己的信息来购物的，说明他们在购物之前已经做过功课，对他们将要购买的商品信息已经有了初步的了解。言外之意，他们可以不需要经过卖手的推荐和引导，就能很好地完成选购。由此可见，如果你不能清空他们的这些信息，交易很难进行下去，原因很简单：顾客在购买的时候“自主性”过强，一旦卖手提供的信息和他们自己所了解的信息不符，顾客很有可能快速走掉，使得生意陷入僵局。

情景范例 **卖这么贵蒙谁呢?**

秦先生最近丢失了手机，想要去卖一个新的。为了不被蒙，他特地花了一上午的时间在网上浏览相关的咨讯，并且基本确定了自己要买的机型和价格。

下午，他来到附近的一家手机卖场。一进去，就有卖手热情地迎了上来，询问秦先生想要买什么样的手机。

秦先生："你们这里三星 ××× 这个型号的卖多少钱？"

卖手说："稍等，我给您查一下。"一会儿的工夫，卖手就查明了价格，"先生您好，您要的这个款式在我们这里卖 3500 元。"

秦先生："多少？ 3500 元？卖这么贵，你蒙谁呢？"说罢，秦先生头也不回地走了。

从这个案例当中，我们可以明确地意识到一个问题：清空顾客的信息是完成交易必不可少的一个步骤。如果这个步骤完成得不好，接下来的步骤很难进行。也正因为如此，很多卖手经常会遇到"头也不回就走掉"的顾客。显然，这些人都和秦先生一样，都有自己的信息存在。

那么如何清空顾客的信息呢？以下方法或许你可以用：

◎ 转移顾客的关注焦点。比如"我们这里卖的是正版货，自然要贵一点。"

◎ 找到你的"附加值"。比如"我们这里还送您一块原装的电池、旅行充电器，所以价格要稍微高一点。"

◎ 引导顾客关注其他的服务。比如"我们这里实行的是三年保修，比其他的店铺要多保修一年。"

◎ 反击顾客的信息。比如"网络上的东西质量很难保证，便宜并不一定有好货啊。"

按照上面的思维，你是否也想到一些清空顾客原有信息的做法呢？

____

____

____

在这里，千万要记住一点，清空顾客信息的时候，不能简单地告诉顾客：你的信息有误，不然很容易引起顾客的反感，从而断绝交易的可能性。

2. 输入自己的信息

现在，顾客原本的信息清空完毕，接下来要做的事情就是输入自己的信息，从而巩固交易的基础。我们还是以秦先生买手机为例子，向你展示该如何输入自己的信息。

情景范例 **是吗，我还真不知道**

秦先生在听到卖手说出那款手机的价格之后，觉得太贵了。因为网上报价才 2700 元左右，所以他头也不回地走了。这个时候，卖手追了上来：

卖手："先生，您先别急着走，我知道网上报价很低，但他们都是水货或者港版货，我们这里是原装进口的，价格自然要贵一点了。"

秦先生："是吗，还有这样的区别？"（到这里为止，基本上清空了秦先生的信息。）

卖手："是的，我这里也能上网，我们都可以看一下。可能您不太了解，港版货、水货和正版货之间的质量差别是很大的，可能前几个月您不会感觉到，慢慢的，死机、白屏、信号时好时坏、突然关机等现象就会出现。"

秦先生："是吗？我还真不知道。"

卖手："是的，很多人都只顾贪便宜，却不知道便宜背后没有好货。如果是我，我肯定要买正版货，万一有一天，您正好有重要的事情要处理，手机却掉了链子，那岂不是很不划算？"（卖手在这一步已经在输入自己的信息：买手机一定要买正版货。）

秦先生："是的，你说得很对。"（现在，秦先生的情绪已经稳定下来，卖手可以进行下一步的工作了。）

从案例中我们可以看到，所谓"输入信息"，其实就是纠正顾客心中"不够正确"的想法，从而让顾客放弃原来的想法，转而认同自己。这样做的目的很简单：稳定顾客的情绪，为交易做好准备。

3. 引导顾客顺着新信息思考

当你给顾客输入了新的信息之后，并不意味着工作就完成了。这个时候，你还得引导顾客顺着新信息思考，加固信息，提高最终的成功率。

在做这一步工作的时候，要记住几点：

◎ 引导工作一定要自然、到位；

◎ 多让顾客反思，卖手可以少说一些话；

◎ 要给顾客一些必要的"点拨"；

◎ 给予必要的解释，赢得信任。

具体该如何做呢？我们同样来看案例：

情景范例 **原来是这样啊**

在卖手的介绍下，秦先生“懂得”了网络上的手机之所以报价低，很有可能是水货、港版机，使用这些非正版货，很容易在关键时刻掉链子，于是他接着问：“是不是港版机和水货机放在手上就能看出来呢？”

卖手：“有的能，有的不能，但只要把它们往正版货前面一放，对比效果就很明显了。您要知道，那些山寨机之所以便宜，就是因为他们喜欢偷工减料，而原装进口的都是人家国外人制造、国外人检测的机子，信得过。前段时间网上不是流行一句话吗？不是我不爱国，至少你得给我一个爱国的理由是不是？”

秦先生：“原来是这样啊，看来我今天又学了很多知识啊，真是隔行如隔山呢。”

卖手：“所以啊，以后买这种东西，最好不要轻信网上的低价商品，还得到像我们这样正规的店铺来才行，虽然可能要贵一点，但至少买得放心，用得放心。是不是？”

秦先生：“是的，说得很对，如果是在网上买的，坏了都不知道找谁。”（至此，顾客秦先生的脑子中已经完全被卖手的新信息填满，而且在卖手的引导下，已经顺着新信息进行了有利于卖手的思考。）

4. 快速完成交易

当你完成以上三步工作之后，接下来就应该进行第四步的工作：切入交易模式，快速完成交易。其实到这一步就已经很简单了。无论你是使用“直接成交法”，还是“建议成交法”，都能快速达到目的。

下面的句式可以帮助你：

◎“现在我把正版机给您看看怎么样？”

◎“那今天就拿这款手机，是吗？”

◎“我去仓库给您提货，请稍等。”

◎“收银台在这边，请跟我来。”

◎“我这就把手机给您包起来，行吗？”

◎“这是我们的试用机，您可以感受一下。”

第二节 信息拦截的三种做法

面对竞争对手的步步紧逼，把顾客留在自己的店铺里，是作为卖手的你当前最应该做的一件事情。通过前面一节的学习，你已经明白了一个道理：顾客是需要“被教育”的。如果我们任由顾客按照自己获得的信息来选购商品，很有可能丢失生意。即便做成了生意，店铺的利润空间也不会有多大。

如何改变这种情况，除了要对顾客进行教育以外，还得做一件非常重要的事：对顾客的信息进行拦截，从而彻底消除顾客去竞争对手那里消费的念头。什么是终端信息拦截呢？简单点说，就是向着有利于自己的方向处理顾客的信息。

如何对顾客的终端信息进行拦截呢？可以采用以下几种方法：

1. 到位的解释

尽管顾客在购买之前，已经储存了一些信息，比如即将购买的商品的参数、价位、网络价格等，但这些信息是不是就是正确、到位的呢？很难说。作为卖手，要想对顾客进行信息拦截，你就应该对这些信息进行解释。让顾客明白，他们脑子中的想法是片面的、不完全的。要想搞清楚其中的具体做法，不妨通过一个例子来了解。

情景范例　　我要买待机时间长的手机

一位顾客急匆匆地走进手机大卖场，对迎上来招待的卖手王欣说：“我想买一款手机，要待机时间长的那种，你们这里有没有？”

王欣：“待机时间长的？我明白您的意思，不过我要告诉您的是，所谓的待机时间是要根据不同的使用条件来确定的。比如信号强度、使用频率等。请问，您平时的电话多吗？”

顾客：“这是我买给我父亲的，他平时电话不多，一天也就两三个。”

王欣：“您可真是孝顺。这样的话，一般的手机就可以，像这款，如果电话不多的话，充一次电基本上可以用一个星期左右，而且价格还便宜。来，到这边来，我给您看看样机，怎么样？”

顾客：“好的。”

看了这个案例之后，请问，顾客固有的信息是什么？是待机时间长。卖手王欣是如何应付、如何解释的呢？待机时间要根据不同的使用条件来确定，比如信号强度、使用频率等。很显然，在这样的解释下，顾客打消了购买待机时间长的手机，转而开始试用普通的手机，也就是王欣给顾客推荐的那一款。这就是一种信息拦截的方式，通过合理的解释，把顾客原来的信息屏蔽掉。最终避免顾客到竞争对手那里去购买“待机时间长”的手机。

2. 明确意图

顾客为什么要购买这款商品？他的想法是什么？真正的意图是什么？作为卖手，如果你能搞清楚这些问题，也能帮助你拦截顾客的终端信息，从而促进商品的销售。明确意图，一定要达到“一语中的”的标准，能够在短时间内卸下顾客内心的防卫。同样以卖手机为例，我们来分析一下这个方法：

情景范例 待机时间长就是电池容量大

一位顾客急匆匆地走进手机大卖场，对迎上来招待的卖手王欣说：“我想买一款手机，要待机时间长的那种，你们这里有没有？”

王欣：“待机时间长的？我明白你的意思，您就是想要电池容量大的手机，是不是？”

顾客：“是的，我的电话比较多，电池容量小的话几乎每天都要充电，加上我还经常要出去，所以一般的手机满足不了我的要求，我想换一个。”

王欣：“是这样啊，我想您是个生意人或者是公司的顶梁柱，业务非常繁忙，总是给手机充电确实很麻烦，不过您是否考虑过这样一个问题：您的手机在某种程度上代表您的形象，而您说的那种电池容量大的手机基本上都不是名牌，您拿在手上，确实和您的身份很不搭调，会让您觉得很没面子。”

顾客：“是吗，那些手机都不是名牌？”

王欣：“是的，从我接触到的手机来看，基本上都是这么一个情况。其实我觉得您没有必要把目光放在那些手机上，而应该考虑重新买一款电池质量好、本身又耗电少的品牌手机，这样即便您的业务量没有减少，也能自如应付。更何况，电池容量大的手机对人体的辐射很大，用多了对身体也不好，您觉得呢？”

顾客:“是吗，那你给我介绍一个?”

王欣:“好的，这边请。”

顾客想要购买一个“待机时间长”的手机，其真正的意图是购买一个“电池容量大”的手机。卖手王欣很快意识到了这一点，并明确了顾客的意图。这样做的好处就是能够让你更加有针对性地对顾客的信息、意图进行分化，从而实现终端信息拦截的目的。更重要的是，卖手王欣在这么做的同时，还顺便“教育”了顾客：电池容量大的手机，对人体的辐射就大，用多了对身体也不好。

想想看，如果你的竞争对手再以“手机电池容量大”的优势来诱惑顾客，顾客会接受吗?不会，因为他已经知道了“电池容量大等于辐射大、伤害大”的道理。就这样，卖手王欣已经在不知不觉中把对手打败了。

3. 给予方案

既然你拦截了顾客的信息，那么在短暂的时间里，顾客对商品的信息将会保持一种真空的状态。这时候，你除了要给予顾客新的信息之外，还应该同时给予方案，方便顾客下决心购买你所推荐的商品。这样能够在不知不觉中把生意做成，提升气场。

情景范例　**我给您两个方案吧**

一位顾客急匆匆地走进手机大卖场，对迎上来招待的卖手王欣说:“我想买一款手机，要待机时间长的那种，你们这里有没有?”

王欣 :“待机时间长的?我明白您的意思，请问您平常的电话多吗?是不是要经常出差?”

顾客:“是的，我是做销售的，每天电话量很多，而且出差的机会也比较多，你也知道，如果手机经常没电，对我们的工作影响是很大的，所以我必须得换一个。”

王欣:“按照您的状况，确实需要换一款好点的手机了，可是我觉得即便您换了待机时间长的手机，也不能切实地解决问题。为什么呢?原因很简单:待机时间长了，您给手机充电的次数也就少了，您甚至常常觉得自己手机还有电，是大电池容量的，而忽视充电，最终导致您手机在关键时刻没电。”

顾客:“你说的也有道理，我朋友就经常出这样的事情。”

王欣：“所以我觉得现在适合您的，并不是待机时间长的手机，而是一个合理的手机使用方案，既能让您用好手机，又不至于太浪费钱。这样，我给您两个方案吧。一是买一个耗电相对较小的手机，二是重新给您的手机购买新的电池，并且配一个备用电池，您看怎么样？”

顾客：“好吧，你说得很有道理，我听你的，那就给我选一款耗电量小一点的手机吧，并且也给我配一块备用电池。”

王欣：“好的，请稍等。”

在整个销售过程中，卖手王欣不仅拦截了顾客的信息，而且通过给予顾客方案，把顾客留在了自己的店铺之内。可以这么说，无论顾客选择哪个方案，都能和顾客做成生意。显然，这样的推销是明智的。

第三节 做个信息拦截的高手

看了前面案例中卖手王欣的故事，你是不是有一种很强烈的愿望：成为像王欣那样的信息拦截高手，提高店铺的利润，提升自我气场？

你的想法很好，成为一个信息拦截高手的梦想并不是遥不可及，只是在此之前，你应该做好一些工作。这些工作就是你和“拦截信息高手”之间的桥梁和工具，帮助你实现自己的目标，成为真正意义上的有气场的卖手。

那么，什么样的工作需要你去做呢？

1. 做最了解商品的卖手

终端信息拦截，说到底就是顾客自身的信息和卖手的信息进行碰撞，卖手利用自己对商品的了解，说服顾客听从自己的意见，从而购买自己所推荐的商品的过程。在这里，你可能也注意到了一点：卖手必须对商品相当了解，才能真正说服顾客。没错，这就是要成为一名信息拦截高手要做的第一步工作：做最了解商品的卖手。

了解商品，除了要对自己所售商品有一定的理性认识外，还要对商品有更加具体的感性了解，比如说商品的构成、操作维护方法、关联和替代商品、对顾客的吸引点、库存状况和市场占有率、商品质量的鉴别、商品真假的鉴别等。

◎ 商品的构成

是指包括该商品的名称、品牌、规格、产地和原料、成分等在内的商品构成因素。这些是商品最基本的要素，卖手应该要让顾客了解。

◎ 操作维护方法

是指商品在使用过程中该如何操作，如果不慎损坏，该如何维修等，对此，卖手也应该对顾客进行认真的交代，毕竟很多商品因为操作不当，很容易产生一系列的损坏。如果可以的话，卖手还可以给顾客进行一番演示，以减少售后投诉事件的发生。

◎ 替代和关联商品

所谓“替代商品”是指顾客所希望的商品因为各种原因不能满足时所用来替代的商品，这种商品必须很接近顾客希望的商品；所谓“关联商品”是指与顾客购买的商品有联系的配套商品，比如西装和领带、衬衫，等等，都可以增强顾客的购买欲望。

◎ 对顾客的吸引点

所谓“对顾客的吸引点”是指每一种商品的特性，这些特性最好是能对顾客造成吸引的。比如说洗衣机，“全自动”“滚筒”等都是对顾客的吸引点。如果卖手能将这些卖点转化为销售亮点，销售自然也就变得简单快捷了。

◎ 库存及市场占有率

除了以上一些情况之外，卖手还需掌握商品的库存状况、该商品在市场的销售情况、近期之内的商品动向与价格变动等情况，以便帮助店铺及时调整销售策略，预先采取有效措施。

◎ 商品质量的鉴别

所谓商品质量的鉴别是指对商品质量的一种综合性评价。对某种商品的质量要求和鉴别依据可参考国家和相关部门的规定。

一般的商品质量鉴别方法有如下几种：

第一种：通过感官（尝、闻、看、摸、听）对商品外观质量进行鉴别。

第二种：对商品商标标志、包装装潢及特殊标志进行鉴别，以确定其真伪或质量等级。

第三种：利用仪器对商品的理化指标和卫生标准进行检查。

第四种：对商品的来源渠道、价格等产销方面的信息、资料进行综合分析，以确定真伪。

第五种：商品真假的鉴别：是指对仿造、仿冒某个品牌的鉴别。很多商品都有明显的鉴别标志，对此卖手一定要告诉你的顾客，让他们信任，你所销售的商品是正宗的，而不是仿冒的。

情景范例　用业余时间学习商品知识的卖手

欧阳雪津是D商场摄像器材部的卖手，每天接待成百上千的顾客。为了更好地服务顾客，提高自己的销售业绩，欧阳雪津利用业余时间专门向前辈、专家、同行、专业人员请教，并购买专业书籍，学习了不少摄像器材的相关知识。通过实践，欧阳雪津总结出一套摄像器材的销售法则：一看、二听、三转、四教、五分析，即看摄像机外观漆、硬件有无损伤；镜头有无气泡、污点；听声响是否正常；转动镜头是否平滑、轻松。

在销售摄像器材时，遇到对摄像器材不熟悉的顾客，欧阳雪津会将所有功能都操作一遍，直到对方学会掌握为止。顾客摄像后，她还帮助顾客分析成像质量，告诉顾客正确的操作方法。这种销售方式受到广大顾客的好评，欧阳雪津的销售业绩也稳居部门之首。

2. 提炼独特卖点吸引顾客

在终端信息拦截之后，接下来就是信息的补充和顾客思维的引导，这个时候，就需要顾客使用“提炼商品独特的卖点”来应付了。让顾客真正意识到，这里的商品是最好、最适合自己的。

所谓卖点是指能吸引顾客前来购买的商品特点。而所谓商品的独特卖点，是卖手通过各种各样的方式向顾客传播的一种主张、一个忠告、一种承诺。一个好的商品卖点，不仅能够引起顾客的强烈共鸣，而且还能激发他们对商品的关注和好感，从而促成购买行为，提升卖手的销售业绩。

我们知道，商品本身可能有很多不同的卖点，但在卖点的提炼上并不是越多越好，在特定的阶段，商品提炼和传递的独特卖点只能是一个，毕竟优点说得太多，有“自卖自夸”之嫌疑，更何况顾客根本不会相信。而且，根据人们的记忆原理，卖点提炼得越多，顾客记住得就越少。你说一个独特卖点顾客就记得一个，说三个勉强能记住一个，说五个，则是一个也不记得。

情景范例　王大妈买酸李子

王大妈到水果市场买李子，遇到甲、乙、丙三个小贩。

小贩甲："我的李子又红又甜又大，特好吃。您要不要来点儿？"王大妈仔细一看，果然如此，但是她却摇摇头，没有买，走了。

小贩乙："我的李子有大的、小的、酸的、甜的，您要什么样的？"王大妈说要酸李子。乙说："我这堆李子特酸，您尝尝？"王大妈一咬，果然很酸，满口的酸水。王大妈受不了了，但越酸越高兴，马上买了一斤。

小贩丙："别人都买又甜又大的李子，您为什么要买酸李子呢？"王大妈说儿媳妇怀孕，想吃酸的。丙马上赞扬王大妈对儿媳妇好，说不定真生个大胖小子。王大妈听了很高兴。丙建议买些猕猴桃给胎儿补充维生素，王大妈很高兴地又买了一斤猕猴桃。

当王大妈离开时，小贩丙说我天天在这里摆摊，每天进的水果都是最新鲜的，下次就到我这里来买，还能给您优惠。王大妈高兴地答应了小贩丙。

看了这个案例之后，我们可以分析一下，甲乙丙三个小贩各自的卖点是什么？

小贩甲："李子又红又甜又大，特别好吃。"那么他的卖点便有：红、甜、大、好吃。

小贩乙："我的这堆李子特酸。"那么他的卖点是：特别酸。

小贩丙："我每天进的水果都是最新鲜的。"那么他的卖点是：最新鲜。

从卖点上看，乙和丙的卖点都只有一个，不过你是否意识到，小贩丙说了一句王大妈爱听的话，就从这一点来看，王大妈以后购物更倾向于小贩丙。今天他虽然只卖出一斤猕猴桃，但是他基本上锁定了王大妈这个顾客。从无形当中，小贩丙就获利了不少。

那么卖手提炼商品卖点的方法都有哪些呢？主要有以下几个角度：

◎ 品质卖点

商品的品质是顾客最为看重的商品因素之一，在顾客眼中，只有拥有卓越品质的商品，才是值得自己欣赏和购买的。对于这一点，卖手在提炼卖点的时候要充分理解并且利用。商品的卓越品质是最好的营销点，也是最具说服力的营销手段。

◎ **功效卖点**

每个商品都有不同的功效，所谓商品的功效是指真正能给人们生活带来改变的商品的功能，比如说传真机的记忆装置、药品的治愈功能等。如果说商品的功效好，那么功效卖点的提炼也将对商品的销售产生很大的效果，商品也容易得到顾客的认可。因此，这也是很多新品牌推广商品品牌的方法。

◎ **品牌卖点**

对于商品而言，有品牌才会有销量，品牌好销量才会大。相同功效、相同质量的两种商品，如果摆放在一起，人们肯定是选择品牌力大的那一个。这就意味着，品牌同样是商品可以提供的一个卖点。因此，如果所售商品的品牌形象处于有利地位，在向顾客推销时，就应该将品牌作为主要卖点。

◎ **其他卖点**

除了可以从品质、功效、品牌等方面提炼商品的卖点之外，还可以从商品的性价比、售后服务、特殊利益等方面进行提炼，同样可以达到促进销售的效果。

（1）性价比。所谓“性价比”是指用一定数量的钱所买到的东西：买得东西越多，性价比就越高，买得东西越少，则性价比越低。从顾客方面来看，肯定都希望用最少的钱买最多的商品，那么性价比高的商品自然就会格外受到青睐。因此如果你所销售的商品性价比不错，那么不妨以此为卖点来吸引顾客。

（2）完善的售后服务。随着时间的推移，人们的消费观念逐渐趋向于理性，除了关注商品本身的质量、性能之外，商品的售后服务也已经成为商品销售不可或缺的一部分。对于使用需要进行维修保养的商品，售后服务的完善与否将直接影响到顾客的购买行为。

（3）商品的特殊利益。所谓商品的特殊利益，是指商品能满足顾客本身的特殊要求，或能为顾客带来其他商品所不能带来的特殊利益。这种“特殊利益”将成为打动顾客的一个重要卖点。

3. 生动展示，促使顾客下定决心

当顾客被你的商品吸引住之后，接下来要做的就是给顾客生动地展示你的商品，促成交易，完成终端信息拦截的最后一步。

所谓展示是指卖手通过实物的观看、操作，让顾客充分地了解商品的外观、操作方法、具备的功能以及能给顾客带来的各种利益，从而达到销售目的的一个方式。因此，展示的目的非常明确：激起顾客决定购买的欲望。而要想做到这一点，不得不使用生动的方法进行。

在对不同的商品进行展示时，因为商品本身的特性不同，所以强调的重点将有所不同，对于商品实行展示的方法或者进行说明的方式也会不尽相同。那么到底该如何做才能让商品的展示变得更加生动从而打动顾客的心弦呢？针对这一情况，我们给您提供以下几条建议。

◎ 增加戏剧性

在展示的过程中，适当地增加一些戏剧性，以此来增加顾客对商品的购买欲望。有一个卖健身器材的卖手在向顾客展示减肥器材时，并不是一开始就口若悬河地说个不停，而是给周围的顾客每人提供了一份10公斤重的生猪肉，让顾客提在手上，然后对他们加以询问："请问大家愿意让这个东西一天24小时地跟随在您身上吗？"顾客都给出了否定的答案。然后他再向顾客对健身器材的功能及操作进行讲解，最后取得了很好的销售成绩。在这里，他就是以戏剧性的方式增加了顾客对减肥的渴望，实现了自己的销售目的。

◎ 让顾客亲身感受

在进行商品展示的时候，不能自己一个人唱独角戏，要尽可能地让顾客看到、触摸到甚至是用到您的商品。很多房地产公司在销售楼花时，都会不惜本钱地另盖一间样板屋，以便让参观的顾客能实际地看到房屋的隔间、触摸到室内的陈列物，并带着顾客亲身体会住在样板屋的感受，从而提高顾客对自己的信任度。

◎ 引用动人实例

除了前面提到的两种方式，还可利用一些动人的实例来增强商品的感染力和说服力。例如在报纸、电视上曾报道过的一些实例，都可引用来穿插于你的展示说明中。例如卖净水器的卖手，可引用报纸报道某地水源污染的情况，让顾客感同身受，从而认识到购买净水器的必要性。

◎ 让顾客听得懂

在展示商品时，用语一定要通俗易懂，如果使用过多的"专有名词"，会让顾客不能充分理解你所要表达的意思，而且过多的技术专有名词会让顾客觉得过于复杂，从而对商品产生使用起来肯定不方便的误解。

◎ 掌握顾客的关心点

在展示商品的过程中，一定要掌握顾客的关心点，并证明你的商品能满足他的需要。例如对于同样一部车，每位顾客的购买理由都不一样，有的是因为车子安全性设计好而购买；有的是因为驾驶起来很舒适顺手而购买；有的是因为车的外形能代表他的风格而购买。所以要根据每位顾客关心的重点，分别加以展示，详尽地介绍，证明你的产品能完全满足他。

10 第十章

恰到好处的热情就可以了

热情是世界上最有价值的一种感情，也是最具感染力的。卖手充满了热情，顾客就容易变得充满热情，即使你表达得不太流畅，他也可以理解。如果没有热情，你推销时所说的话简直就像焉了的茄子，毫无生气和新鲜感。地产大亨纳得·特朗普说过：别浪费时间在你不喜爱的工作上，唯有热情才能使你更上一层楼。

那么在面对顾客的时候是不是越热情效果就越好呢？非也。热情，也应该有一个度。过分的热情不但不能帮助自己提升气场，反而会吓跑顾客，影响店铺的销售。

从这两段话当中，你就可以得出一个结论：要想做一个有气场的卖手，不能没有热情，但也不能过分热情。无论是“不及”还是“过火”，对气场来说都是一个灾难。那么中间这个度该如何把握呢？在接下来的内容当中，你会找到自己想要的答案。

第一节 提升气场，热情必不可少

热情是销售成功的基本要素之一，有了热情，销售才可能获得成功，如果卖手总是一张“苦瓜脸”，瞪着一双“丹凤眼”，说着那种冷冰冰的话，又表现出那种爱理不理的态度，相信哪一位顾客都不愿意和这样的卖手交易。这样的卖手，也毫无气场可言。

所谓热情，是指一种精神状态，一种对工作、事业、顾客的炽热感情。有人曾经说过：“缺乏热情，就无法成就任何一件大事。”卖手面对的是顾客，推销是心与心的交流，这个时候必须用热情去感染对方，从而为提升自我的气场做好准备。热情，不是要你刻意地去讨好顾客，更不是要你卑躬屈膝地屈从于顾客，而是要求你表现得积极一点、主动点、人性化一点。就像下面这个案例中的卖手一样，他用自己的热情开辟了人生的辉煌道路，让气场在瞬间飙升。

情景范例 卡内基的母亲在逛街

一天午后，一场突如其来的大雨，使街上的行人纷纷躲进两旁的店铺。一位装束简朴的老妇人走进费城百货公司。店员们对她并未在意，只有一位年轻人走过来对她说：“我能为您做点什么？”老妇人莞尔一笑，说：“不用了，我只是来避一下雨的。”随后她又有点不安，觉得该买点什么。这时小伙子搬来一把椅子，并说：“您不用为难，坐着休息就是了。”雨过天晴，老妇人向小伙子道了谢，并要了他一张名片。

几个月后，百货公司的总经理收到了一封信，要求派那位年轻人前去收取一份装潢整个城堡的订单，并让他承包自己家族所属的几个大公司下一季度办公用品的采购订单。

总经理一算，这封信带来的收益相当于公司两年利润的总和。他迅速与写信人取得联系，方知正是那位避过雨的老妇人，而她，是“钢铁大王”卡内基的母亲。

随后的几年，那位年轻人成为卡内基的左膀右臂，事业扶摇直上。

因为年轻人始终对顾客保持着洋溢的热情，从而获得了顾客的青睐，并得到顾客的欣赏。一句简单却充满热情的话“我可以为您做点什么？”使他获得意外的回报，获得成功。这个故事告诉我们：作为一个卖手，必须时刻充满热情地面对我们的顾客，只有这样，我们才有可能被顾客接受。

具备热情，是一个心态问题，也是一个技术性的问题。要想让自己变成一个充满热情的人，除了要摆正心态之外，以下技术层面同样需要关注：

1. 克服职业倦怠症

职业倦怠症又称职业枯竭症，它是一种由工作引发的心理枯竭现象，是上班族在工作的重压之下所体验到的身心俱疲、能量被耗尽的感觉，这和肉体的疲倦劳累是不一样的，而是源自心理的疲乏。

职业倦怠最常表现出来的症状有三种：

第一种：对工作丧失热情，情绪烦躁、易怒，对前途感到无望，对周围的人、事漠不关心。

第二种：工作态度消极，对服务或接触的对象越发没耐心、不柔和，如教师厌倦教书，无故体罚学生，或医护人员对病人态度恶劣，又如，卖手对顾客冷淡。

第三种：对自己工作的意义和价值评价下降，常常迟到早退，甚至开始打算跳槽或是转行。

很多职场工作者对于职业倦怠症往往故意视而不见，以为像感冒一样能不药而愈。事实上，不找出真正原因，会让自己越来越不快乐，严重的话也许会陷入难以自拔的忧郁症中。对于职业倦怠症，可以采取以下方法来解决：

◎ 换个角度，学会欣赏自己，善待自己，适时自我安慰，千万不要过度否定自己。

◎ 休个假，喘口气，暂时放空自己，为接下来的“战役”充电、补元气。

◎ 职业倦怠很多情况下是一种“能力恐慌”，这就必须不断地为自己充电加油，适时进修，加强实力，以适应社会环境的压力。

◎ 适时运动。减压绝佳方法——运动能让体内血清素增加，不仅助眠，也易引发好心情，例如快走、游泳都是好运动。

◎ 寻找人际网络。除了同事，人要有其他可谈心的人际网络，否则容易持续陷入同样思维模式，一旦有压力便很难缓解。

◎ 说出困难。工作、生活、感情碰到困难要说出来，倾听者不一定能帮你解套，但这是抒发情绪最立即有效的方法。

◎ 正面思考。把工作难关当作挑战，不要轻视自己，要多自我鼓励。不懂就问人，或寻求外援，唯有实际解决困难，才不会累积压力。

◎ 幽默感。别把老板、主管、同事的玩笑想得太严肃，职场和谐很需要幽默感。

2. 取得同事的认同

很多时候，你之所以对卖手这个工作没有热情，不是因为不喜欢这个职业本身，而是因为不喜欢和你一起工作的同事，或者无法获得他们的认同。你们之间原本应该是互相信赖、互相支持的关系，现在，因为各方面的因素，变成了互相排斥、拆台、竞争的不和谐关系。在这样的环境下工作，即便你再喜欢这个工作本身，也很难提高热情。

如果你现在正处在这种情况下，那么取得同事的认同是当务之急。具体该如何做？以下几点或许能够帮助你：

◎ 让自己变得活泼开朗一些

工作是人生除家庭之外最重要的舞台，应尽量活得舒心些。过于压抑的坐班制往往会给人带来心理上的不适，你应该成为这种空气中的活跃分子。最有效的方法便是主动“出击”，热情“袭人”。你不妨在大家休息时给大家开个玩笑，调节紧张的心情，大家爽朗的笑声是对你情感上的认同。

如果你不够开朗，从现在起，不要时刻绷紧你的脸，你应该先学会微笑，学会对每一个人微笑。笑容是好意的信使，能照亮所有看到它的人。

◎ 说话悠着点

病从口入，祸从口出。同事之间的芥蒂多从说话间产生。尽管偶尔一些“推心置腹”的诉苦能多少构筑出一种“卖场友谊”的假象，但喋喋不休的抱怨会让身边的人苦不堪言。也许就在你高谈阔论的空儿，有人已经开始盘算如何打你的小报告了。

◎ 远离帮派

俗话说，难得糊涂。复杂的帮派争斗面前，还是糊涂些为妙。店铺越大，人际关系也越复杂，人际间的勾心斗角是不利于事业发展的，所以你应尽可能地冷眼旁观，避免卷入不良的派系斗争中。距离产生美，这话适用。在同事面前谨言慎行，学会做个聆听者。

◎ **含蓄竞争**

与同事的竞争是不可避免的，但不要为了达到某种目的而不择手段，而应抓住与同事公平竞争的机会。谦让、豁达的人总能赢得更多的朋友，相反，妄自尊大的人最终会走到孤立无援的地步。与同事意见有分歧，最好不要争吵。因为一个有着良好素质的人决不会失去理智地一味争吵，而是以无可辩驳的事实及从容镇定的表现来阐述自己的观点。

3. 保持兴趣和好奇心

如果你对某件事情保持热情，显然你对这件事情有着足够的兴趣和好奇心。作为卖手，你对销售是否有足够的兴趣？你对顾客的购物心理是否有足够的好奇心？这些都决定你是否有热情。

如果你觉得自己在这方面做得还不够，不妨深入一点、幅度大一点。

在此我还是要提醒你一点：好奇心很正常，不过如果你无法很好地控制，可能会伤害你的气场。店铺也是一个职场，如果你好奇心太重，不但会招人反感，而且还会不小心为自己惹来不必要的麻烦。

4. 让自己的声音变得热情

没有人愿意听到冷冰冰的、有气无力的声音。热情，首先在声音上体现出来。要想让自己变得热情，就得改变自己的声音。

经验表明，只有卖手热情时，客户才会感觉到我们的商品和服务的价值，因为商品所有的信息都是通过卖手的声音传递的。正如我们逛商店的时候，首先要看商品的品牌。而在听一个介绍时，则完全取决于我们对声音的判断。

因此，卖手的声音将对客户产生巨大的影响，声音就是我们商品的品牌。当我们想快乐的事情时，我们的声音也会自然地明快热情起来，客户也会受到感染。

另外，卖手心里对客户很热情，一定要让我们的客户感觉到，也就是说，要让客户感受到自己的热情。热情是具有感染力的一种情感，他能够带动周围的人去关注某些事情，当你很热情地去和客户交流时，你的客户也会随着你的热情变得容易交流，作为一个卖手，只要用谦卑的心态，积极热情的心态去面对每一天的工作，成功就一定在不远处等着你。

情景范例

热情的鱼铺

在美国西雅图，有一家腥味四溢的鱼铺，不仅顾客盈门，而且连500强的CEO与著名政治要人都趋之若鹜，为什么？因为热情。

这家名叫派克的鱼铺，曾和梅林批发市场、朝阳街肉食店等所有的鱼铺一样，虽有名字，但不出名，但自从被老约翰接手之后，这位新店主立意要让它改观，不仅要盈利，而且要出名。

老约翰首先改变鱼铺里不灰不白的视觉效果，将工作围裙一律改为明艳的大红色，其次改善营业员卖鱼时像鱼一样闷不作声的呆板状态，他发明了呼叫销售法，比如员工一边包装称好的鱼一边朗声叫道："这条大鲑鱼要和这位漂亮太太回家去啦！""这6只螃蟹要装进这位先生的袋子里啦！"……

顾客多的时候，这些喊声此起彼伏，引诱得过路人也大多要走进来一看，并且不少人由走进来的一看变成了走进来的一买，而这些因改变了工作状态而改变了工作心态的员工，不仅脸上有了笑容与活力，而且许多人工龄已达15年之久。

人力资源专家曾做过分析，在一个组织里，存在着一种2∶6∶2原则，那就是先天富有热情的人与先天性格冷淡的人分别占总人数的2/10，而占6/10的大多数人居于中间地带，他们可能被感染成前一个2/10，也可能被感染成后一个2/10，而一个企业的凝聚力与竞争力就在这一向前一向后之间拉开了距离。

第二节　过度的热情，会吓跑顾客

人，很容易在一个事情出现两种极端。有的卖手总是对顾客冷冰冰的，一点热情都没有，而有的卖手则过于热情，恨不得一下子就把顾客搂在怀里，跟他称兄道弟。对于卖手的气场来说，这两种行为都是不对的，尤其是过于热情，更会让顾客远离你、害怕你。

情景范例

让人感觉怪怪的店铺

有一家店铺位于市区的黄金地段，充当导购员的都是一些有经验的卖手。

尽管占据着天时地利人和的条件，销售结果却非常不理想。

问题到底出在哪里？店铺老板决定任命一位新的店长，让他来查明原因并改变销售状况。第二天，新任店长就悄悄来到这个店铺，观察店铺内的动静。店铺周围人来人往，进店铺咨询的顾客也很多，可是绝大多数的顾客总是转一圈就出店门，手上没有一点该店的货品。为什么会这样？

为了搞清楚原因，新任店长在距离不远处等着出来的顾客，看见有人出来就立刻问："那家店就没您看上的吗？"一位女士回答说："东西是不错了，可是一进去我就觉得很不自在，不知道怎么了，总感觉怪怪的。"

新任店长："为什么怪怪的？"

顾客："不知道，就是感觉。"

几番询问之下还是问不出所以然来，该店长只能亲自出马。他刚进店内，就听见导购小姐满脸笑容且急不可待地说："先生，欢迎光临，请随便看看。"店长刚一伸手就听见导购说："这是我们店刚到的新款……价格上比较贵一点。"店长转身走向另一边，身后的导购一步不落地从旁跟着，只要一见店长伸手，就立刻介绍该款服装，并且都要把价格告诉店长。走到这儿，店长终于知道为什么进店的顾客多买的却不多：这些店员根本就不懂得什么是热情、什么是过度热情。

第二天，他新官上任三把火，首先开始培训该店店员在日常售卖中的"热情言行"。经过这一小小的培训之后，该店销量果然有了明显的好转。

你是否遇到过类似的情况呢？为了彻底搞清楚什么是过度的热情，不妨把你的经历稍微记录一下，一探究竟。

____

____

____

现在，我们就来探究一下，过度热情主要有哪些表现，这也方便你自省。

1."拉扯"等肢体上的接触

"来来来，我给你介绍一下我们店刚到的新款""跟我走，我帮你挑选一条合适你的裙子""天呐，你真是漂亮啊"……卖手不断地拉着顾客的手，想要顾客跟着她走，或者不断地拉扯顾客的衣服和他说话……

如果单纯看这些对话和行为，你可能以为对话的两个人是认识的朋友关系。然而这些对话和行为却发生在彼此都不认识的卖手和顾客身上，你是不是觉得心里有些“发毛”呢？如果很“不幸”，你就是那个顾客，你会怎么想、怎么做呢？

从心理学的角度来说，两个认识的人之间进行适度的肢体接触，能够帮助彼此获得心理上的契合，而如果是两个陌生人之间突然产生肢体接触，心理距离反而会变得更远。那么作为卖手，你是否应该牢记这一点呢？

或许这只是你身上一个不好的习惯而已，不过为了提升自我的气场，请一定要改正这个不好的习惯，从今天开始、从现在开始。如何改正呢？不妨把你的计划写在下面的空格中：

____

____

____

2. 故意攀亲攀故，让人感觉不爽

当顾客进入店铺挑选商品时，卖手和顾客进行随意的闲聊是一个不错的举动，能够快速拉近买卖双方的关系。可是在这里，很多卖手又做砸了，原因就在于一点：他们过于急功近利，见到任何一个顾客，都想攀亲攀故，以便能够给顾客施加情感压力，从而促使顾客购买自己的商品。比如常见的话术有以下几种：

◎“你是 ×× 的人，我也是 ×× 的，我们是老乡呢！”

◎“××× 是我的老熟人，我们经常在一起玩！”

◎“您是我的大姐（大哥），一定要捧场啊！”

◎“从某种程度来说，我们有亲戚关系！”

◎“你是 ×× 学校毕业的，我也是，我是你学姐耶！”

◎“我也是 ××× 的粉丝，我们是同一路人！”

◎“我们的电话号码最后一位都是 8，很有缘分哦！”

◎“我回家也是坐 12 路公交车，我们真是有缘分呢！”

◎“我也在北京海淀区呆过，我们可是“区友”哦！”

◎“你看我们的手机是同一款！”

◎“我和你一样，也喜欢吃 ××！”

◎ “我和你的想法一样，我们真是有缘！”

类似这样攀亲攀故的行为还有很多很多，在此就不一一列举了。如果凑巧你在逛街的时候心情还不错，可能会和这样的卖手开开玩笑，权当找个免费的陪聊，可是如果你心情不好，遇到这样的卖手，你只会觉得不耐烦甚至是反感，总之就是不舒服。这是一个如意算盘，但顾客往往不买账。在这里，请你思考一个问题：在什么情况下使用攀亲攀故的方法是有效的呢？

____

____

____

3. 欲取先予，给顾客心理负担

当你一进入一家店铺，什么商品都还没有买，首先就接到了卖手递过来的礼物，或者是水果、零食等食物，你会怎么想？是感动得一塌糊涂，还是心怀诧异：卖手这么热情，到底是为哪般？我想绝大多数的顾客是后面这种心情，并因此而产生戒备、防卫的心理，不再听从卖手的介绍，甚至还会找个机会偷偷溜掉。

对于顾客的这种行为，有些卖手可能难以理解，不是说有舍才有得吗？为什么在我这里就失灵了呢？很重要的一个原因：你的行为超出了顾客的预期，给顾客造成了心理负担。因为顾客觉得，如果接受了你的馈赠而不购买商品，可能会觉得不好意思，所以，最好的办法就是不要接受，而偷偷溜掉。

对于这种卖手的行为，你有什么样的好建议呢？

____

____

____

4.“紧身衣”式介绍

所谓“紧身衣”式的介绍是指顾客走到哪里卖手就跟到哪里的介绍方式。就像开篇案例中那个店铺的卖手一样，店长刚一伸手，卖手就开始介绍、报出价格、询问顾客的感觉……从表面上，这些卖手确实很热情、很专业，可是顾客却感觉很不爽。

第一，顾客觉得自己受到监视，没有选择的自由。

第二，不能放开手脚选择，总感觉碍手碍脚的。

所以，对于这样的卖手而言，最好的办法就是告诉自己：给顾客一定的空间和时间，卖手，应该是引导者，而不是监视者。

第三节 测试：你的热情过度了吗？

通过上面一节的阐述，你可能已经看到了“过度热情”对于店铺销售和自我气场带来的不利影响。现在，你应该也很想知道自己是否存在“热情过度”的毛病。不要着急，通过下面这一套测试题，你很快就能找到答案。

现在，测试开始！

1. 你是否接受过“热情迎客”方面的专题培训？

A. 接受过，培训结果良好

B. 没有，但看过相关的文章

C. 没有，从来没有接触过类似的东西

2. 在和顾客交流的过程中，是否有“拉扯”等身体方面的接触？

A. 完全没有

B. 偶尔有

C. 有的，经常

3. 在介绍商品的时候，是否有人说过你很啰嗦，这人可以是你的顾客，也可以是你的同事，甚至是你的亲朋好友？

A. 没有，从来没有

B. 有几次

C. 经常被批评

4. 你是否觉得和顾客攀亲攀故能够增加销售的成功几率？

A. 不觉得，毕竟顾客的购买行为是自由的

B. 可能有点吧，不太清楚

C. 确实如此，这就是人情的魅力

5. 你认为和顾客说得越多，顾客购买的几率也就越大？
A. 不是，要看具体情况
B. 不太清楚
C. 是的，的确如此

6. 在你介绍商品的时候，顾客转身走掉的情况多吗？
A. 不多
B. 偶尔有
C. 很多

7. 你的顾客脸上会有明显的不自在吗？
A. 不会，他们表现得很自在
B. 偶尔会有，不知道是什么原因
C. 经常是这样

8. 你的顾客常常以“嗯”“啊”“哦”的方式回答你吗？
A. 不会
B. 偶尔
C. 经常

9. 当你介绍商品时，顾客会对你说“我先看看再说”吗？
A. 基本上不会，我给顾客绝对多的自由
B. 偶尔会有，我觉得是自己说太多了
C. 这种情况很多，特别是当我想要大幅介绍的时候

10. 你是如何理解热情的呢？
A. 热情更多地看重内在的心态
B. 心情和行为并重
C. 热情就是不要让你的顾客闲着

11. 你认为热情等同于主动吗？
A. 不等同，两者不一样
B. 有一定的内在关系
C. 是的，不主动就没有热情

12. 你很想快速提升自己的业绩或者气场?

A. 不是，这些都需要时间

B. 偶尔会有些急功近利

C. 这是我做梦都想达到的目的

13. 你很努力，店铺业绩却总是不见提升?

A. 不是，店铺业绩受到其他因素的影响

B. 感觉是有点，但也有可能是其他因素

C. 是的，完全是这种情况

14. 你的顾客总是很害怕进入你的店铺?

A. 不会，不存在这种情况

B. 好像是有这种情况，不太敢肯定

C. 是的，他们总感觉很害怕我

15. 因为你的热情，顾客有没有“被迫”购物的情况?

A. 没有

B. 偶尔

C. 经常

评分标准:

选择 A:　　3 分

选择 B:　　2 分

选择 C:　　1 分

现在，请统计你的得分：______________。

答案解读:

◎ 如果你的得分处在 15~25 分，说明你确实存在热情过度的情况。或许你很想在短时间里改变店铺的业绩和气场，却不小心犯了急功近利的毛病，你身上的热情在顾客看来，就像一根根利刺，不会让他们感觉舒服，反而会促使他们快速走掉，远离你。要想改变这种“费力不讨好”的情况，你应该好好学习本章的内容，真正搞清楚什么是热情、什么是过度热情。

◎ 如果你的得分处在26~35分，说明你存在过度热情的情况，但并不是特别严重。或许是有时候你觉得自己心情好，偶尔犯一下“人来疯”的毛病，总体来说还是不错的。不过在此我还是要提醒你，你是一个情绪化比较严重的人，有些时候是过度热情，而有些时候则是过度冷漠。对于你来说，最好想想该如何控制好自己的情绪，这是当务之急。

◎ 如果你的得分处在36~45分，恭喜你，你并不是一个过度热情的人。你已经真正理解了什么是热情、什么是过度热情，并且能够很好地把握自己的行为，始终给顾客带去舒服的介绍和到位的服务。毫无疑问，你是一个强气场的卖手。

第四节 热情讲究细节性和不刻意性

同样是为顾客服务，介绍商品，有的时候你就是过度热情，而有的时候就是真正的热情。这两者之间是如何区别的？很简单，真正的热情讲究细节性和不刻意性。无论是介绍商品，还是为顾客提供服务，都是遵循这两点进行的。

这是什么意思呢？举个很简单的例子，顾客进门之后，你为顾客搬个凳子、端杯水、嘘寒问暖，心理上的契合、言语上的赞同都是在随意间进行的，注重的是细节上的到位，而不是刻意地为顾客去做一些事情，给顾客造成心理压力。

什么是细节性？什么是不刻意性？现在我们就来详细阐述这两个方面：

1. 细节性

所谓细节性，顾名思义就是卖手的热情要在细节上体现出来。或许在平常的时候，人们要判断一个卖手是不是有热情，仅仅从他的言辞入手。言辞说得积极、好听，就判定这个卖手很热情，相反就是不热情。

显然，判断一个卖手是否有热情，仅仅从言辞方面切入是不够准确的，原因有两个方面：

第一，有的卖手不善言辞，但他却能为顾客提供周到、热情的服务，他同样是热情；

第二，有的卖手能说会道，表面上很热情，但他却是光说不练的人，这样的人能算是热情吗？显然不是。

由此可见，要想判断一个卖手是不是有热情，仅仅从言辞方面入手是不行的，关键还得看一些细节。主要看哪些细节呢？以下几点：

◎ 说到能否做到

人们常说“说到不如做到”，如果一个卖手是真正的热情，他可能说得很好，做得也很好，甚至什么都不说就开始做，为顾客提供专业、周到而又热情的服务。显然，这样的卖手是顾客喜欢的类型，人们往往被他身上的气场所征服，而这种气场正是由“说到做到”的行为来提升的。

◎ 能否感知陪逛顾客的内心

热情和感知“陪逛”顾客的内心有什么联系吗？有。举个简单的例子：一男一女两名顾客进入你的店铺，此时女的“逛”兴正浓，而男的则面露疲惫之色，因为他手上已经拎了很多包。这个时候，卖手该怎么做才能体现自己的热情？除了要为女顾客介绍商品之外，最好能给男顾客拿一个凳子，或者是倒一杯水，因为此刻他最需要的就是这个。

◎ 是否有真诚的关怀

真诚的关怀每个人都需要，作为卖手，你是否了解到这一点并切实做好了？和前面感知顾客的内心稍微有所不同的是，这一点更注重顾客本身。

怎么样体现自己真诚的关怀呢？当你在展示商品的同时，对顾客微笑，并表示出自己的关怀，比如向她亲切地道声：“小姐，你累吗？忙碌了一整天肯定很累，我们专卖店内配有休息椅，可供你坐下来挑选！”这样一句真诚的关怀会促使交易成功，就因为你的热情，冲着你的热情，顾客也会埋单。

◎ 能否主动为顾客解决实际问题

当顾客进入店铺消费而遇到一些实际问题的时候，卖手是否会给予热情的服务，帮助顾客解决问题呢？不要小看这一点，它也是衡量你是否足够热情的重要标准之一。就像下面案例中的卖手一样，就属于不热情的一种。

情景范例

订单取消了

陈欣欣是某数码商店的卖手。一个星期五的早晨，电脑发烧友李明浩走进店里，告诉卖手陈欣欣说他正在寻找最新款的电脑，希望要购买一部价格在5000~8000元的电脑，并且看上展示架上那一部标价6750元的电脑。

在陈欣欣把这一部电脑的优点详细向李明浩说明之后，李明浩问道：“这种型号的电脑最优惠的价格是多少钱呢？”

陈欣欣立刻回答："算您6500元吧！"李明浩决定要购买了，并立刻在订单上签名并付款。陈欣欣在感谢李明浩的惠顾之后，随即走进仓库里去取货。

大约过了1分钟，陈欣欣却空着手回到柜台。

陈欣欣："先生，非常抱歉，您所要的那种型号已经没货了，本公司设在××路的数码商店可能还有货，该店距此只不过是三站路远的地方，您是否愿意到那里去购买呢？"

李明浩："我没有时间到那里去，可以请那边商店的人送过来吗？"

陈欣欣："今天恐怕没有人可以送过来，下星期一我们会补足您所要的货品，到时您就可以在这里买到了。"

李明浩："真不巧！我今天一定要买到，因为今天晚上我要赶一趟火车去出差，希望有一部崭新的电脑，为何这里偏偏缺少了我所看上的那部呢？"

陈欣欣："非常抱歉，我没有注意到我们店里已经没有那个型号了。"

李明浩："这不是你的错，但是却让我感到很遗憾。我可以到其他地方买到功能类似的电脑，请你把订单取消，把钱退还给我。"

就这样，李明浩的订单取消了，而陈欣欣却没有做任何的"挽回"。显然，她并不是一个真正热情的卖手。如果她是真正热情的人，肯定会想办法帮助顾客李明浩解决这个实际的问题，实在不行，自己跑去一趟也是可以的，而绝不是叫顾客自己去取。

2. 不刻意性

正如做作的美丽不是真正的美丽一样，刻意的热情也不是真正的热情。遗憾的是，在我们身边，还真不乏这样的卖手。表面上刻意的热情能够在短时间里让顾客觉得满意，可到头来，却让顾客大失所望。

情景范例　**立刻换了一个人**

闵婷婷到某百货商场去购买某品牌的润肤霜，到了商场，卖手很热情地接待了她，为她又是倒水，又是介绍。特别是在闵婷婷想要的那款润肤霜没有现货的情况下，卖手更是道歉连连，一副很不好意思的样子。

面对卖手这样热情的服务，闵婷婷没有为难她，而是请卖手为自己另外推荐一款润肤霜。很快，卖手就给闵婷婷推荐了另外一个品牌的润肤霜，并且信誓旦旦地告诉闵婷婷，这一款和她所要的那一款效果是一样的。

可到了家中，闵婷婷仔细阅读说明书后才知道这一款是适用于干性皮肤的，而自己所要的则是适用于油性皮肤的，卖手所推荐的这一款根本不是自己需要的。

于是，闵婷婷非常生气地拿着商品到该商场，找到这名卖手要求退货，谁知当初非常热情的卖手一听是退货，脸色马上拉了下来，跟推销时判若两人，一副爱搭不理的样子，并且还咬牙切齿地说："化妆品只要产品质量没有问题，不予退货。"闵婷婷一听，心火立马就上来了："当初我就不想要这一款的，你说什么一样的，非要推荐这个给我……"

卖手听了闵婷婷的抱怨，心不在焉地听着，满脸的不屑一顾，这种态度可把闵婷婷给激怒了，立刻打了消费者协会的电话，要求严惩这个"热情"的卖手。最终这名卖手被辞，闵婷婷也退了货。

显然，案例中的卖手就是一种刻意的热情，在顾客购买商品的时候热情得没得说，完全是一副天使的面孔，而一旦顾客来退换货，就立刻变成撒旦的面孔。正如人们所形容的那样：翻脸比翻书还要快。

面对这样的卖手，顾客的心情肯定不会好受，会想方设法通过一些渠道来捍卫自己的权利。正如案例中的闵婷婷一样，直到店长把这名卖手辞退才罢休。仔细想想，这又是何苦呢？既然要刻意表现热情，就干脆刻意到底嘛。

在卖手身上，如何才能表现出"不刻意"的热情呢？以下几点：

◎ 不要有太强的功利性；

◎ 不因顾客购买行为的改变或消失而改变自己的热情；

◎ 不要出现"预谋的热情"；

◎ 热情的行为讲究自然、舒适；

◎ 讲究前后一致性；

◎ 表现热情时得失心不要太重；

◎ 对待不同顾客，不能有厚此薄彼的情况出现；

◎ 调整好心态，保持情绪的稳定。

11 第十一章

别让信心"畸形提高"

现在，越来越多的人开始意识到信心对于成功的重要性，他们纷纷开始加入提高信心的行列之中，这是一件好事情。不过至此我还是要问你一个问题：意识到信心的重要性，并且积极加入提高信心的行列当中，你的信心真的就能提高吗？即便你的信心在提高，它是全面地提高，还是畸形地发展呢？就像我们身边很多人信心膨胀，直接导致"不可一世"现象的出现，这样的信心难道是健康的吗？

信心，有健康和不健康之分，提高信心有完全提高和畸形提高之分，请问，你的信心发展属于哪一种？

第一节 没有内容的自信是畸形的

你是一个自信的人吗？

如果我拿这个问题去问你，你可能会告诉我：是的，我很自信。可是我再加一个问题：你为什么自信？你的回答是什么呢？

____

____

____

或许你很难回答这个问题，因为你根本就没有想过。是的，这就是我们常说的“盲目的自信”，你的自信没有内涵，你仅仅只是为了自信而变得自信。这样的自信，对提升你的气场没有任何的作用，相反，它是一种伤害。

原谅我把话说得如此不留情面，但事实就是如此。如果你不知道自己为什么自信，你该如何彰显自己的自信，又该如何在原有的基础上让自己变得更加自信呢？

自信，不能只是一个念头、一个空壳的心态，它需要实实在在的行动，更需要实实在在的内涵。没有内容的自信是畸形的，即便你再怎么提升，你还是弱气场。

什么样的自信才是有内涵的自信呢？总的来说要符合以下几点：

1. 能够找到自信的依托物

什么是自信的依托物？简单点说是你自信的物质来源。你是因为店铺的实力雄厚而变得自信，还是因为对产品质量非常有信心而变得自信？店铺的实力、产品的质量就是自信的依托物。尽管自信很多时候都是一种心态上的积极，没有依托物的人依然可以很自信，但你要明白，那是一种盲目的自信，很难经得住挫折和困难的考验。

那么对你来说，哪些可以当作自己的自信依托物呢？总的来说有以下几点：

◎ 店铺雄厚的实力；

◎ 店长的英明领导；
◎ 店铺老板的全力支持；
◎ 你对顾客的了解以及对他们购物心理的掌握；
◎ 你在销售方面的潜力；
◎ 产品过硬的质量；
◎ 厂家到位的售后服务；
◎ 你对销售的独到理解；
◎ 店铺的便利条件；
◎ 店铺的独特商品或服务；
◎ 店铺良好的信誉。

当然，除了这些之外，还有很多内容可以成为自信的依托物。在此我就不一一列出来了，倒是你，可以根据我以上的思维，想想看，还有哪些是可以当成依托物的。

____

____

____

》2. 有提高自信的方法和技巧

如果你的自信是盲目的，除了你不知道为什么而自信之外，还有一个很重要的问题：你找不到提高自信的方法和技巧。换句话说，你只是告诉自己“我要自信”，至于到底该如何让自己变得更加自信，你很难找到切实有效的办法。

相反，如果你的自信是有内容的，那么你很快就能找到提高自信的方法和技巧。举个很简单的例子来说，如果你的自信是因为店铺雄厚的实力，那么提升自信的方法和技巧有哪些呢？换句话说，你该如何让店铺的实力变得更加雄厚呢？作为卖手，你可以找到一些方法，比如帮助店铺提高销售的利润、减少店铺的内耗、和同事之间协作更加协调等，凡是有利于提升店铺实力的，都是你提升自信的方法。当然，有的卖手自信依托物不止一样，无论是什么，有几个，你都能找到相对应的方法。

现在，是不是有点明白了呢？那么请问，您的自信依托物有哪些？按照这种方法去思考，你提高自信心的方法和技巧有哪些？

____

____

____

3. 能够找到自信的前途和方向

什么叫找到自信的前途和方向？简单点说，你的自信会带来一个清晰的目标和光明的前途。如果你的自信是盲目的，你仅仅具有自信的想法和心态，很难找到自己自信的前途在哪里，也不知道自己如果一直这样自信下去，会有什么样的“回报”。

同样的道理，如果你的自信是有内容、依托物的，结果就不是这么回事。举个例子：如果你的自信依托物是产品的质量，那么我们就可以想象出自信的目标和前途是什么了：

自信依托物：产品的质量。

自信的目标：成为同类产品中最有口碑的商品。

自信的前途：为绝大部分的顾客所认可和喜爱，帮助店铺提升自己的销售利润。

如果你还是没有太明白，我再举个例子：

自信依托物：店铺良好的信誉。

自信的目标：让店铺成为有最好口碑的店铺。

自信的前途：打败竞争对手，成为名店。

现在，你可以学着我的样子，把你自信的依托物和目标前途写在下面：

自信的依托物：______________________

自信的目标：______________________

自信的前途：______________________

第二节 你为什么不够自信？

无论你是有怯场的表现，还是在心底里认为自己很难成为一名有气场的卖手，都是一种不够自信的行为。

“是的，我不够自信”，当你在承认这一点的时候，是否还考虑过一个问题：

你为什么不够自信呢？真的仅仅是因为你的性格内向、有点害羞吗？并不见得，性格内向、害羞，可能会让你变得不够开朗，但并不能让你变得自卑、不相信自己。很多性格内向的人同样很自信，这是两个概念，而现实生活中很多人都将它们混为一谈，这是不正确的。

可能你处在“不够自信”的状态下已经很长时间了，但始终没有搞清楚自己为什么不够自信。没有找到病根，就很难真正让自己痊愈，“不够自信”的状态一直持续，最终影响到了你的气场。

想想看，是不是这么一个道理呢？我们来看一个古代的故事，或许能让你有所启发。

情景范例 **自信毁在一只断箭上**

春秋战国时代，一位父亲和他的儿子出征打仗。父亲已做了将军，儿子还只是马前卒。又一阵号角吹响，战鼓雷鸣了，父亲庄严地托起一个箭囊，其中插着一支箭。父亲郑重对儿子说：“这是家传宝箭，佩带在身边，力量无穷，但千万不可抽出来。”那是一个极其精美的箭囊，厚牛皮打制，镶着幽幽泛光的铜边儿，再看露出的箭尾，一眼便能认定是用上等的孔雀羽毛制作。儿子喜上眉梢，贪婪地想象箭杆、箭头的模样，耳旁仿佛听见“嗖嗖”的箭声掠过，敌方的主帅应声落马而毙。

果然，佩带宝箭的儿子英勇非凡，所向披靡。当鸣金收兵的号角吹响时，儿子再也禁不住得胜的豪气，完全忘记了父亲的叮嘱，他“呼”一声就拔出宝箭，试图看个究竟。骤然间他惊呆了：一支断箭！箭囊里装着一支折断的箭。“我一直挎着支断箭打仗呢！”儿子吓出了一身冷汗，仿佛顷刻间失去支柱的房子，信心轰然坍塌了。结果不言自明，儿子惨死于乱军之中。

拂开蒙蒙的硝烟，父亲捡起那柄断箭，沉重地啐一口道：“不相信自己，永远也做不成将军。”

卖场犹如战场，自己就像是一只箭，若要它坚韧，若要它锋利，若要它百步穿杨、百发百中，磨砺它，拯救它的都只能是自己的信心。“不够自信”已经是你的一个现实，现在要做的事情就是搞清楚自己为什么不够自信，然后对症下药，真正改变自己，提升气场。

或许，你的不够自信是由下面这些原因引起的，请你核对：

1. 无法获得别人的认可

无论你处在一个什么样的工作环境之中，如果你很难获得同事、上司的认可，要让自己变得自信就会增加很多难度和障碍。毕竟，你所做的一切，都可能遭到他们的打击和否定。在这种情况下，你再怎么相信自己，总有一天会开始怀疑。甚至这种怀疑还会产生“并发症”：比如总觉得有人在背后责骂你，总是对什么事情感到羞耻……

现在，你要做的就是找到这些使自己不自信的来源，给它们一个称号，认识它。将这些来源告诉朋友和爱人，大胆地表达出来。对别人说出来是对自己信心的提高，同时也可以获取他们的帮助，找到问题的根源。让别人认可你，让他们觉得你很优秀，你的自信就会慢慢提升的。所以，去展现你自己的才艺和优点，朝着自己认定的方向前进，多培养一些爱好，多交一些良友，让你变得自信满满。

2. 压力不足、约束太松

压力和约束对自信也有影响吗？有。如果你身上没有足够的压力，没有足够的约束，很容易为惰性所害，不去努力做好工作、每天过得不够充实，甚至会觉得很无聊，浑浑噩噩度过每一天。这样的日子，刚开始你会觉得很惬意，但时间一长，你会发现自己的自信心和气场一天不如一天。

给自己一点压力，制定一些约束，遵守这些约束。有位世界冠军在参加训练时，就这么对自己说：不管什么样的活动，什么都得给我尝试一遍。结果可想而知，你不仅享受了其中的乐趣，还提高了自己的自信心。所以为自己定下约束，遵守约束和自我信赖，随着时间的推移你的信心就会成为你的勇气和力量。

3. 感恩心态缺失

当顾客倾听了你的推销之后，你的心态是什么样的？基本上可以分为三种：

第一种：抱怨顾客，浪费了你这么长时间，只买了一双袜子。

第二种：无动于衷，默然地看着顾客离开，甚至连“多谢惠顾，欢迎下次光临”的话都忘记说了。

第三种：对顾客感恩，感谢他听从了你的建议，购买了你的商品。尽管他只买了一双袜子，但至少证明了一点：自己努力了，也有了收获。那么下次，你会更加努力，收获会更加大。这就是感恩心态带给你的信心。

看清楚了吗？感恩心态的缺失，同样会让你变得不够自信。每天花一些时间在脑子里列出你所需要感恩的所有事情。回想自己过去的成功、独有的技能、来自各方面的爱，还有积极的动力。你可能会为自己拥有这么多适合自己的事物而感到震惊，更会有动力朝成功迈向下一步。这就是自信的力量！

4. 无法看到自己的潜力所在

潜力是个无底洞，只要你不断发掘，就很可能出现“能力井喷”的现象，做什么事情都会顺风顺水，马到成功。相反，如果你无法看到自己的潜力，自然不会开发，做事情失败的概率就高，受到这些失败的影响，信心就会开始下降。

发掘潜力，就是在发掘信心，你准备好了吗？

情景范例 　**甲乙两个店员**

有这样一个故事，两个卖手同时到一家店铺应聘，店铺老板没有像往常一样通过各种各样的考题来面试这两个卖手，而是将两人带到了面对大街的窗口，指着大街问他们说：“你看到什么呢？”

卖手甲答道：“人啊！”

卖手乙回答说：“我们的顾客。”

店铺老板又问：“在这些人当中，有几个能成为你的顾客？”

卖手甲说：“不知道，可能一个都没有。”

卖手乙说：“每个人都可能成为我的顾客，只要我能发现他们的需求。”一年以后，卖手甲因为找不到顾客而向店铺老板提出辞呈。而卖手乙因为业绩显著，成了该店的店长，此时的他已经变得越来越自信了。

第三节　把你的自信展现出来

这一章主要是讲信心的提高问题，着重点放在“畸形”两个字上面。之所以要讲这方面的内容，原因在于我所接触到的很多卖手，就是属于这种情况。他们都表现得非常有自信，但这种自信是不健康的。比如我们前面所讲到的没有依托物的自信，以及接下来我们要讲到的“少展现或无展现”的自信，都是属于“畸形”的范畴。

什么叫“少展现或无展现”的自信呢？顾名思义，这些卖手很有自信，但从外表上根本就看不出来，甚至在言辞之间还流露出自卑的情绪。为什么会出现这种现象呢？可能存在两种情况：

第一种：根本不知道自己是一个自信的人，反而认定自己很自卑，所以刻意压抑自己。

第二种：不懂得如何展现自己的自信，尽管内心自信满满，行为上却表现得非常不自信，比如常常因为紧张而出现差错，遇到强气场的顾客不知所措等。

如果你觉得自己内心自信满满，却不知道该如何展现的话，下面的内容或许能够帮助你：

1. 从推销自己开始

推销最忌开始时讲得天花乱坠，而推销后却又完全置之不理。一般而言，顾客是不会与自己不信任的卖手交易的，因为顾客免不了都会有害怕受骗的心理，所以在推销商品之前，先推销自己，这是每一位卖手必须奉行的铁则。要想将自己先推销给你的顾客，就必须做到以下几点：

◎ 必须熟知自己的商品，因为顾客信赖一个对自己商品熟知的卖手，这样，他也会和你一样对商品充满信心。

◎ 以一流的礼节接待。有句俗话说：如果礼节是一流的，其他所有的就都是一流的。如果卖手以一流的礼节来应对，自然是给顾客吃了一颗定心丸。

◎ 顾客对能提出好建议的卖手通常容易产生信赖感，尽管卖手必须先推销自己，但是，同时去策动他人更是不可或缺的一环。

◎ 简单明了的说明是每位卖手亲近顾客的最主要手段，如果你唠叨个没完还没能将重点表达出来，顾客将失去耐心。

◎ 卖手是顾客获取商品或是其他信息的主要来源，所以对于卖手来说，应精通各方面的资讯以便随时满足顾客的需求。

◎ 仔细倾听顾客说话是一种尊重，也是一种礼貌，光是真心倾听，就能博得顾客的好感。

2. 展现对卖场的信心

卖手与卖场是唇齿相依的关系，你只有对卖场建立了信心，才会在顾客面前恰到好处地介绍卖场、充满信心地介绍卖场的商品，自己才会信心备增，气场也才能得到提升。每一次成功的交易，都是建立在顾客对卖场、商品以及对卖手信任的基础上的，三个方面相辅相成，互为一体。对任何一个潜在顾客，如果都能在这三个方面取得信任的话，那么，下一步必然是水到渠成的销售成功。

如何形成信任？最为关键的一点就是卖手自己要对卖手有信心。

在此给你一个小小的提醒或者建议，当你选择卖场时，最好能选择那些有实力、有信誉、有良好发展前景的。一旦你选定了卖场，接下来就要倾心合作，一心一意地去做，任何怀疑、动摇，都会影响你展现自己的自信和气场。

3. 展现对商品的信心

什么叫展现对商品的信心？简单点说就是你一定要相信自己的商品是优秀的，是对顾客有益处的，是能为顾客带来方便、健康和享受的。这是核心之中的核心。如果你本身对商品都不够有自信，你又怎么能够让别人相信这个商品是值得购买的呢？不要觉得顾客是可以欺骗的，因为你的言辞行为已经在无意间把你出卖了。

对商品的信心当然主要来自对商品的了解。因此，你一定要下工夫学习掌握商品知识，充分了解商品品质、性能、作用、使用方法、注意事项等，同时注意总结自己的使用体会，绝不能够一知半解。如果顾客多问一句就不知道如何回答了，被问住了，就会动摇顾客对商品的信心，降低其购买欲望。

只要你对自己和商品都充满信心，必然会有一种奋勇向前、斗志昂扬的劲头，那么成功交易还会远吗？你的气场提升还只是一个梦想吗？

4. 在言谈举止中展现

当你和顾客交流时，言谈举止如果能表现出充分的自信，往往就容易赢得顾客的好感和信任，顾客对你有了好感和信任，销售商品才会成为可能。

你对自己有信心，首先要衣着整齐，挺胸抬头，笑容可掬，态度谦和，亲切有礼，细心周到。这样就容易让顾客从心理上接受你，喜欢你，耐心听你讲解商品，进而心甘情愿地买你的商品。因为顾客通常更愿意与一个充满自信心、充满热情的人打交道。

5. 在失败挫折时展现自信

在此要提醒的是，作为一个卖手，在整个销售的过程中都要充满自信，无论何时何事何地，千万不能忽冷忽热。特别是有的时候，当你满怀热情地去向顾客推销时，遇到的却是顾客冷言冷语，在这种情况下，你一定要沉得住气，千万不要流露出不满的表情和言行。要知道，顾客一旦发现你对他有不尊重、不恭敬的地方，对我们和商品就不会有什么好感了，我们的销售将很难实现。

当面对拒绝与失败的时候，你更要表现得充满自信。你要微笑着告诉自己：没关系，下次再来，拒绝是成功的开始。要轻松面对，然后客观地总结分析推销过程的成败得失，为重新赢得顾客创造机会，树立信心。

第四节　做自己的“自信王者”

如果你觉得自己不够自信，你就是自己的奴隶。奴隶是没有任何气场可言的，换句话说，要想彰显自己的气场，你必须要做自己的王者。什么样的王者？自信王者。记住，我并不是和你在玩文字游戏，而是要切实告诉你自信对于气场的作用。它能够让你真正变成自己的主人，见识气场，彰显气场，更能提升气场。

如何做自己的“自信王者”？通过一系列的实践证明，下面这些方法是管用的：

1. 挫折、遭遇面前不停脚

在销售的过程中，难免会遇到挫折，正如在成就任何事业的道路上，都可能会跌倒，但并不意味着你可以停止前进的脚步。如果你这样做了，那就把自己归到“懦夫”的行列之中了。想做真正的英雄，就应该在哪里跌倒就从哪里站起，不因任何挫折、遭遇而停下脚步。俗话说：路遥知马力。对于我们卖手来说更是如此，因为店铺销售这个行业相对来说比较特殊，很容易遇到各种各样的挫折和失败，你只有不停地干下去，不停地去克服挫折，战胜失败，做自己的英雄，才有可能成为出色的卖手。

2. 畏难情绪要控制好

每个人都有一定的畏难情绪，自信心不足的人尤其严重。在这里，我并不是要你彻底消除这种情绪，因为那是不可能的，而是要告诉你如何控制这种情绪，在你真正需要彰显气场的时候，不会被情绪搅局。方法很简单：列举出自己的优缺点。当你看到自己缺点的时候，也要看到自己的优点，多想自己的长处。多想自己的优点和长处，就能造成心理环境的良性循环，从而萌发和逐步强化相信自己的意识。即使看自己的缺点和不足，也是以一种积极的心理倾向正视之，正视的目的在于改变，而非消极地自我萎缩和自我沉没。控制畏难情绪的另一个重要方面，就是用发展的眼光看待自己：今天不会的，通过勤奋学习明天就能成为内行；现在不是干推销这块“料”，通过奋发努力将来准会成为顶尖卖手。

3. 微笑，然后再微笑

微笑的重要性不言而喻，它往往能够改变一个人的一生。特别是对于卖手来说，微笑显得尤其重要。

曾经看过一个故事：有一次，一个巨大的汽艇展示会在底特律的哥堡大厅举行，展示包括小帆船到豪华的巡洋舰在内的各种海上船只。有一位来自某中东产油国的富翁，停在一艘陈列的大船前面，向推销员说：“我要买价值 2000 万的船只。”这是任何推销员都求之不得的事情，可是，那位推销员只是看着这位有购买潜力的顾客，好像他是个疯子来浪费他的时间似的。这位推销员脸上缺少的东西就是微笑。富翁看着这张没有微笑的脸，走开了。他走到下一艘陈列的船只跟前，受到了一个年轻的推销员很热诚的招呼。这位推销员脸上挂满了欢迎的微笑，这微笑就跟阿拉伯的太阳一样灿烂，使富翁感到了宾至如归的轻松和自在。他再一次说：“我要买价值 2000 万元的船只。”

“没问题，”这位推销员仍然微笑着，“我会为您展示我们的系列。”他这样做的同时已把世界上最伟大的商品——他自己推销出去了。这位石油酋长当场付了部分订金，第二天送来一张 2000 万美元的支票，而这位有着灿烂微笑的推销员获得了他该得的部分——高达 20% 的利润。

其实，这个卖手什么都没做，他唯一做的就是“微笑”，他与第一个卖手唯一不同的就是面对顾客保持微笑。仅仅因为这一点，他获得成功的交易。

4. 不断地进行心理暗示

卖手在推销实践中不断地进行积极的自我心理暗示，可以增强自信心。比如，面对新的环境而产生担忧时，就暗示自己很快能够适应新环境；接触陌生顾客缺乏勇气时，可自我暗示：总有办法说服其购买自己所推销的商品；在失败面前，迫使自己多想想以往的成功；开拓新的推销局面时，常默念自己的资历和业绩，将自己想象成一名出色的销售员。反复告诉自己一定能实现预期的目标，提高自信，是一个积极的、自我激励的心理强化过程。你越练习得对自己充满信心，就越能造成一种你很内行的气氛。

12 第十二章

沉默留白，这个可以有

如果你性格开朗、善于表达，无形之中身上就多了一个优势，能够更好地为销售服务。不过你可不要为此而沾沾自喜，因为这个优势并不是固定的，如果你的话没有说好或者说到位，优势可能会变成劣势。正如营销专家通过很多方式传递的理念一样：话一定要说并且说好，该有的沉默也不能少。

这什么意思呢？很简单，你在面对顾客的时候，不能像一台说话机器一样一直说个不停，而应该给顾客一点时间考虑或者表达自己的看法，这样才能算是交流；否则你就是在说教，推销效果很不好，你的气场也无法得到提升，毕竟一个话唠式的卖手是很难有强气场的。

那么什么时候该说话，什么时候该沉默呢？如果你现在对此还没有很好的把握，不妨好好学习本章内容。

第一节 很多人败在“超限效应”上

或许你第一次听到“超限效应”这个词，不过对这种情况其实并不陌生，甚至每天都和它相伴相随。什么是“超限效应”呢？我准备用一个故事来解释，这样你会更加明白。

情景范例 马克·吐温生气了

美国著名幽默作家马克·吐温讲了个故事。有一次，某人在教堂听牧师演讲。最初，他觉得牧师讲得很好，使人感动，准备捐款。过了 10 分钟，牧师还没有讲完，他有些不耐烦了，决定只捐一些零钱。又过了 10 分钟，牧师还没有讲完，于是他决定 1 分钱也不捐了。到牧师终于结束了冗长的演讲、开始募捐时，他由于气愤，不仅未捐钱，还从盘子里偷了 2 元钱。

像案例中这种刺激过多、过强和作用时间过久而引起心理极不耐烦或反抗的心理现象，称为“超限效应”。也正因为意识到了这一点，马克·吐温说出了一句名言：说得多，并不代表说得好。

其实在我们的身上，也发生过类似的事情：比如一个人滔滔不绝地和你讲同样一件事情，你不但不会觉得这件事情很重要，反而会产生一种“故意犯错”的冲动。很多人可能会觉得产生这种想法很可笑，其实这正是对方刺激过度给我们心理造成的“逆反”影响。

你的身边或者你自己是不是就像故事中的牧师一样，在一件事情上反复“说道”，以至于让周围的人产生了厌烦？如果你遇到过这种情况，不妨把他们简单记录下来，以便加深你对这种心理学效应的理解。

____

____

____

作为一个卖手，每天都离不开说话，很多人简单地以为成交量和说话量是成正比的，说得越多，和顾客交易得也就越多。事实上，这两者之间没有一个固定的比例关系。有的时候，你多说一点，顾客了解多一点，对你的信任高一点，交易率会有所提高；而有的时候，你说得越多，反而会给交易带来越负面的影响。

喋喋不休不算会说话，这样的人再自信也无气场可言。很多卖手，败就败在这一点上。受到"超限效应"的影响，你可能有以下几种表现。现在，请你核对一下，看看自己的身上是否存在这种情况：

1. 说话无重点，推销无关痛痒

当卖手和顾客接触时，决定顾客是否购买的时间仅仅只有30秒钟。在这30秒钟时间里，你该说什么、哪些是重点、该如何推销？对于这些问题，你是否明白呢？如果你在推销的时候说一些无关痛痒的话，会让顾客觉得乏味甚至厌烦，从而不愿意和你交易。

什么是无关痛痒的话？和交易没有密切关系的话，诸如你去买衣服的时候，卖手跟你说"今天天气不错""油价又上涨了""房价看来是跌不了了"等。或许你会觉得这是卖手和顾客拉近关系的一种做法。没错，稍说几句的确能够拉近彼此之间的关系，但说多了就是一种无聊，对推销无益，对气场无益。

情景范例

"爱聊天"的卖手

某品牌皮包店的卖手王钦是一个非常注重和顾客处理关系的卖手，任何一个顾客进入她的店铺消费，她都会想方设法地和他处好关系，而处理关系的方法就是说一些"无关紧要的话"。

刚开始的时候，同事和顾客都没有觉得什么，可是渐渐地人们却发现这个卖手似乎除了说一些无聊的闲话之外，并不懂得如何推销商品。店长刚开始还不相信，直到有一天他亲眼所见。

那一天，一个顾客进来买包。

王钦："先生您好，欢迎光临××品牌皮包，请您随便看看。"

顾客："好的。"

过了一会儿，王钦走到顾客跟前说："您穿这么一点，外面这么大风不冷吗？"

顾客笑了笑说："不冷，我开车过来的，里面有空调。"

王钦："哦，现在开车挺好的……我要是有钱我也要买车。先生，您买的是什么车？”

顾客：“一款低档车，××的，贵了也买不起。”

……

整整十分钟下来，王钦和顾客从天气一直聊到房价，唯独没有向顾客介绍皮包，更没有询问顾客想要什么样的皮包，以至于顾客在走了一圈之后，转身走掉。也正因为如此，这个“爱聊天”的卖手当场就被店长严肃批评了。

2. 同一主题不断重复

推销商品的时候明确主题，这是一件好事。可是很多卖手却把好事变成了坏事，因为他们的推销一直在这个主题上重复，让顾客不胜其烦，最终因为“忍受不了”而离开。你可能认为这是在围绕主题进行全方位的宣传和推荐，实际上不是，围绕主题和重复主题这两者之间是有区别的。

围绕主题是指你所说的每一句话都是为推销主题服务的，而重复主题则是一直在不断地重复，没有谁为谁服务的问题。如果你还不明白，不妨用一个案例来说明：

情景范例 **这是一款智能手机**

钱先生想要购买一款手机，某手机卖场的卖手王小姐正在为钱先生推荐卖场刚刚引进的一款智能手机。

“围绕主题”式推销

卖手王小姐：“先生，这是一款智能手机，您看，在您输入短信的时候，输入法可以自由地切换，而且可以最小化，让它在后台运行，这个时候，您可以听歌、拍照、看电影，如果您愿意的话，还可以同时上网，聊QQ、微信都可以。我们之所以说它是一款智能手机，原因就在于一点：它就像一台随身携带的小电脑，对于像您这样的商务人士来说，再合适不过了。这边有试用机，要不您来感受一下？”

顾客钱先生：“真的有这么神奇吗，我得好好试试。”

在整个推销过程中，王小姐一直用“输入法自由切换”“后台运行”“同时上网”“能处理各种事情”的因素为“智能”的主题服务，使钱先生明白了为什么叫“智能手机”，同时王小姐很好地切入了“交易模式”，相信最终交易成功的几率很大。

“重复主题”式推销

卖手王小姐：“先生，这是一款智能手机，很好用的。无论你处理什么样的事情，它都表现得非常智能，你想到什么，它就能为你做到什么，它的智能在同类手机里面是一流的，一点都不比 iPhone 差，最重要的是它的价格比 iPhone 低很多，我觉得像您这样的商务人士，最好能选择这款智能手机，对您的工作有很大的帮助。”

顾客钱先生：“什么智能手机，我听都没听懂，肯定不会用，我还是选择 iPhone 好了，至少拿在手上有排场。”

同样是介绍一款“智能手机”，这种推销方式一直都在强调“智能”，但顾客听了之后，既没有获得“有多么智能”的信息，也没有获得“为什么智能”的信息，卖手仅仅只是在重复“智能”这个结论。总体来说，钱先生听了卖手的介绍，对这款手机还是一窍不通。也正因为如此，他最终还是选择了有名气的 iPhone。

3. 少做多说或者只说不做

我们常说一句话：说得好不如做得好。意思是要想让别人信任你，你应该拿出成绩来证明自己，而不仅仅是自我吹嘘。这一点对于卖手推销商品或者服务时同样适用。我承认，要想获得顾客的信任，适度的夸张是必要的，但不能过分。很多卖手很会说，但真正为顾客服务的时候，总是掉链子，从而影响了店铺的信誉，也削弱了自己的气场。

情景范例　　**你把牛皮都吹破了**

王先生因为笔记本出了故障，拿到专业的维修点去维修，对方告诉他要换配件，至少得一个星期才能修好，无奈之下，王先生准备买一台新的笔记本。

在笔记本卖场和卖手小陈聊天的过程中，小陈告诉王先生：“您就放心选购我的笔记本，以后遇到任何问题，我都可以为您解决，即便维修店维修不好的电脑，我都能够维修，我时常在想，我这个人不去修电脑算是浪费了人才。”

王先生一听，便连忙拿出那台坏的电脑，对小陈说：“我这里真有一台坏掉的电脑，要不您帮我看看，是不是能够快速修好呢？”

小陈满口答应。三十分钟过去了，满头大汗的小陈却连电脑坏在哪里都还没有找出来，更不用说修理了。看到这里，王先生笑了笑说：“年轻人，你把牛皮都吹破了，我还怎么买你的电脑？”

从这个案例当中我们可以获得一个事实，要想摆脱超限效应带给自己的负面影响，在关键的时候要懂得闭嘴，毕竟别人最终是要看你做得怎么样，而不是说得多么好听。做好了，比说一万遍好听的都管用。

4. 不断重复结论却不给证据

“我这个产品真的很好的，你不买就亏了，真的，这是本系列产品中最好的一款了，不买真的就可惜了，要是我，我会毫不犹豫地把它买下，这是最好的……”当你一直纠结于“我的产品是最好的”这个结论时，你是否意识到一点：没有证据支撑，凭什么让顾客相信你？更何况，你这种“过于强调”的推销方式很容易引起顾客的反感，特别是当他有自己喜欢的品牌时，这种反感情绪会更加强烈。

情景范例　**卖手和顾客的品牌之争**

小樱是某家电卖场的一名卖手，主要负责HW品牌的电视机的销售，一天，她接待了一位顾客，这位顾客在经过一番挑选和比对之后，看中了HW品牌旗下的一款电视机。可是，她却迟迟没有下订单。

见到这种情景，卖手小樱走上前对顾客说：“我说先生，您选的这个电视机品牌真的很好，它旗下系列的产品都卖得挺好的，您不买就亏大了，我告诉您，您选的这个品牌是同类产品中品牌最优秀的一个，买这个产品您真的是赚到了……”

听到卖手小樱这么说这个品牌，顾客显得有些不太高兴，他回答道：“这个产品到底怎么样，我还不太清楚，不过你说得这个品牌是同类产品中品牌最优秀的一个，我就很不赞同，如果你这么说，把××品牌放在什么位置了？××品牌是行业老大，这是一个不争的事实是不是？再说了，你仅仅告诉我这个产品很好，可是它到底好在哪里呢？你怎么不告诉我呢？”

卖手小樱：“这……”

顾客：“算了，我还是去买我喜欢的××品牌算了，你这说得太邪乎了，我反而有点不相信了。”就这样，顾客转身离开，卖手小樱因为没有懂得“超限效应”而丢失了一笔生意。

看完了以上四点，您是否已经在其中的一点或者几点上面找到了自己的影子了呢？不要觉得不好意思，把这些情况都写下来，然后想想该如何改变吧。

____

____

____

第二节 这几种情况下，你应该沉默

既然说得太多很容易让自己败在“超限效应”上，那么你就应该思考一个问题：在什么样的情况下应该保持沉默，通过给顾客留白而促进商品的成交呢？如果你能这么想，真是一件好事情，不管你是否已经知道该在什么样的情况下沉默，至少你没有走向另一个极端：压抑自己，不说话或少说话，因为对于一个要靠交流、沟通来取得业绩的行业来说，这也是不可取的。

沉默，一定要讲究时机，否则不但达不到效果，还会引起负面效应。在以下几种情况下，你应该选择沉默：

1. 当顾客在商量或者权衡的时候

当你把商品介绍给顾客的时候，顾客很难当场作出购买或者是放弃的决定，他们需要一段时间的权衡，如果顾客不是一个人消费的，他们之间可能需要协商一下，或者征询陪同者的意见。这个时候，请你一定要记住：不要乱说话。

可能对于这一点，你有点无法接受。在你的印象中，顾客处在权衡和协商的阶段，不是更应该多说一点把顾客的思维吸引到购买上面来吗？事实上不是。你说得越多，顾客就越容易产生逆反心理，从而拒绝和你交易。还有一点：你说话太多，往往会给顾客一种“急切想要交易”的感觉，引起他们无端的猜疑。这种情绪对于最终的交易来说，也是非常不利的。

情景范例 **这么急切，是不是有猫腻儿呀？**

顾客严先生和他的爱人准备给家里的老人买一个足浴按摩盆，某超市卖场的卖手童小姐已经根据严先生的要求，为他挑选了一款。这款商品比较合严先生的意，就是在价格上有一点贵，超出了他的预算。

这个时候，严先生转过身，准备和爱人商量一下。

严先生："老婆，你看，这个我感觉还可以，就是有点贵，超出了我们的预算，你看呢？"

严夫人："嗯，我觉得……"

正当严夫人要说话的时候，卖手童小姐插话了："我说这位先生，您就甭犹豫了，这款产品虽然贵，但质量很好，这是最后一个了，不买就得再等几天了。"

听了卖手童小姐的话，严夫人转过身，悄悄地对严先生说："最后一个了，既然这么紧俏的商品，为什么这么急于卖给我们啊，是不是这里面有什么猫腻儿啊，或者干脆这个是坏的？为防万一，我们还是换一家看看吧。"

听了爱人的话，严先生点了点头，随即离开了。

该沉默的时候就不要说话，即便只是默默地站着，也能表现出你对产品的自信和对顾客的不隐瞒。你的沉默已经帮助你向顾客表明：我所说的一切都是属实的，我没有必要再多说什么了。

2. 当对方情绪不稳定的时候

在一个人情绪失控或者不稳定的时候，任何的话语都有可能刺激到对方。这个时候，你最好选择沉默。无论顾客的情绪失控是不是由你引起的，你都应该闭嘴，等顾客情绪稳定下来再说。否则，不但很难做成交易，而且还有可能触霉头。

情景范例　　**你没看见我在忙吗？烦死了你**

卖手陈虹正和顾客就一台数码相机进行讨价还价的时候，顾客的手机响了。顾客示意陈虹等一下之后，接起了电话。可是不知怎么的，顾客接了这通电话之后，情绪大变，刚才还有说有笑的他突然之间脸就阴沉了下来。这个时候，陈虹问顾客："先生，您考虑得怎么样了，要不就是……"陈红的话还没说完，顾客就发火了："你没看见我在忙吗？烦死了，算了，不买了。"说完顾客就起身走掉了，陈虹一个人呆在那里，不知道出了什么事情。

显然卖手陈虹因为不懂得适时的沉默而触了顾客的霉头，委屈难受不说，还削弱了自己的气场。如果陈虹本身就是一个容易怯场的卖手，在经过这么一折腾之后，估计怯场的情况就更严重了。

在此提醒各位卖手：如果你觉得顾客的情绪不稳定，不妨找个理由先离开一会儿，如果顾客真心想要购买，还会再来找你的。

3. 当你不明白对方意图的时候

高调者往往因逞一时口舌之快，而使本可以迅速解决的事情陷入僵局；低调者沉默寡言，却可以令诸多问题迎刃而解。因为沉默也是一种利器，它也能让人有所畏惧。在你没有明白对方的意图之时，你就不知道对方对这件商品、这个价格是默认、赞许、同情、反对、轻视、尊重、怀疑、动摇、铁心还是抗拒的。由于对方不说，自己什么都无法知道，于是这个时候，我们就应该懂得利用沉默来避免失言。

4. 当你被顾客抱怨的时候

卖手很容易因为一件小事而被顾客抱怨，或许这其中还有委屈的成分存在。遇到这样的事情，很多卖手为了出一口气，而选择和顾客理论，甚至还大打出手。其实，与顾客理论并不能解决任何的问题，只会引起顾客和店铺之间的情绪对立，影响店铺的信誉和卖手自身的气场。

换个处理方式，如果在被顾客抱怨的时候，你能够忍一时之气，选择沉默，什么话都不说，等顾客抱怨完了你再解释或者再次提供服务，或许这时，就该轮到顾客不好意思地掏钱埋单了。

情景范例　　**你凭什么抱怨我?**

王彬是足浴店的一名服务员，专门服务顾客泡脚。有一次，她接待了一位顾客。这位顾客在泡脚的时候也在玩游戏机，就在王彬为这名顾客加热水的时候，顾客不小心，把游戏机掉进了足浴水桶里。

见此情景，顾客就抱怨开了：“哎呀，你为什么早不来换，晚不来换，偏偏在我玩最后一关的时候来，害得我把游戏机都掉了，你真烦人。”

一听顾客的抱怨，王彬心里的火“腾”一下就被点着了，她站起来，指着这名顾客的鼻子说道：“你凭什么抱怨我，是你自己没拿好，干嘛要指责我？”

说完，不等顾客说话，直接把一盆水倒在了顾客身上，扬长而去。最终造成顾客腿部皮肤二度烫伤。

当然，王彬也受到了应有的惩罚。

此处，这位顾客的确有些迁怒于人，但王彬也未免脾气太暴躁了。她的一时冲动，为自己和整个店铺闯下了大祸。

5. 当顾客犯错的时候

当顾客因为不小心而犯了错，或者因为对某些事情不甚了解而犯了低级错误的时候，作为买手，你除了要忍住笑之外，还应该学会沉默，以这种方法来尊重顾客，以免再起争端。最重要的是，在这种时候能够体现你的素质，彰显你的气场。

如果很不幸，你没有忍住，那么很有可能发生以下几种情况：

◎ 和顾客之间发生争吵；

◎ 顾客因为难为情而快速离开；

◎ 顾客情绪变坏，对你发更大的脾气；

◎ 向店长投诉，让店长介入解决；

◎ 要求你道歉；

◎ 以不友好的方式表达自己的抗议。

第三节 沉默的时候，这些事可以做

通过对第二节内容的学习，你已经非常明白自己应该在什么样的情况下保持沉默。保持沉默，仅仅意味着你不应该说话，但并不意味着你就该傻站在那里，听着顾客讲电话或者无来由地陪着顾客一起生气。事实上，这是一个非常关键的时间段，你有很多事情可以做。做这些事情，不仅可以帮助你免除因为突然沉默而带来的尴尬，而且还可以帮助你提高成交率，促进自身气场的提升。

一个有气场的卖手不会让自己闲着的，即便在不得不沉默的时候。现在，你不妨想想，如果你遇到不得不沉默的时候，有哪些事情可以做呢？

不管你的想法是什么，通过我的走访和调查，我从一些气场型卖手的身上总结了以下几点：

1. 为顾客提供一些小服务

我们常说要为顾客提供服务，可很多时候却因为要忙着为顾客介绍商品而忘记。如果你是因为太忙而没有时间为顾客提供优质服务的话，那么不妨利用沉默的这段时间去执行。哪怕仅仅只是为顾客倒一杯水、拿一把椅子，都能让顾客感受到你的热情和心意。如果此前顾客对你的第一印象还有点不好的话，这是一个转变的契机；当然，如果顾客对你的第一印象本身就不错的话，则更是锦上添花。

在这个时间段里，你可以为顾客提供的小服务有以下一些：

◎ 为顾客端茶倒水；

◎ 为顾客拿椅子；

◎ 帮助顾客收拾好、填写订货单；

◎ 为需要的顾客拿创可贴；

◎ 帮助顾客照顾随行的儿童；

◎ 帮助顾客取想要试用的商品；

◎ 为顾客放置随身物品；

◎ 帮助顾客擦拭皮鞋；

◎ 帮助顾客选择搭配服装；

◎ 帮助顾客兑换。

当然，类似的事情还有很多，你可以根据自己店铺的不同情况进行增补。不过在此，我还是要提醒你注意一个原则：为顾客提供小服务一定要讲究自然、到位。切不可让顾客觉得你很做作，这样很容易引起误会，而出现事与愿违的情况。

2. 整理货架或者商品

你的货架是不是很乱，特别是当一批顾客浏览完之后，更是不堪入目？你是不是总是嚷嚷着没有时间整理而任其杂乱不堪地堆放着？现在，我为你找到了一个时间来整理货架和商品，那就是你不得不选择沉默的时候。

比如顾客在接打电话的时候，你可以暂时离开去整理货架，或者就近整理；

同样的道理，如果接待的顾客此时情绪不稳定，你也可以示意对方自己先离开一下，有需要再叫你即可。货架的整齐与否，代表着一个店铺的形象，也代表着卖手的能力。不要总是怪时间不够，它就像海绵里的水，挤挤总还是有的。

3. 思考应对顾客的话术

推销商品，和顾客进行话术的交锋是必不可少的，其激烈程度一点也不比讨价还价来得弱。你可能抱怨自己的脑子不好使，无法在短时间里想出好的话术来应对顾客。现在，不妨趁这个机会，好好想想顾客接下来会怎么说、自己该如何应对。

尽管很多时候，这种思考最终是无效的，顾客并没有按照你想象中的那样“出牌”，但你也没有损失什么。说不定这个顾客不这么“出牌”，下一个顾客就这么做了。久而久之，对自己不也是一种提高吗？

无论如何，多想想总还是有好处的。

4. 为其他的顾客提供服务

如果你的店铺恰好有一些顾客同时光顾，而你此时又不得不选择沉默，怎么办？很简单，暂时离开一会儿，去接待另外的顾客，并且为他们提供力所能及的服务。这一点，很多卖手都懂得，而且也做得不错，在此就不多说了。

只是我想提醒你一个问题：当你离开为其他顾客提供服务的时候，一定要示意前一个顾客，并且在对方需要你的时候尽快回来，否则顾客很有可能觉得你是在赶他走。

附　录

气场型卖手容易忽视的 101 个细节

这是一个细节制胜的年代，唯有把细节做到位，你的气场才更容易彰显。可是在现实的工作过程中，很多细节往往被你所忽略，从而影响了你气场的提升。那么对于卖手来说，哪些细节是最容易忽视的呢？在这里，我总结出了101 个细节，供你参考和自省，有则改之，无则加勉吧。

1. 忘记说迎宾开场词。

□没有注意这个细节　□已经注意这个细节

改正措施：______________________________

____

____

2. 接待顾客时情绪不高。

□没有注意这个细节　□已经注意这个细节

改正措施：______________________________

____

____

3. 看到顾客购买竞争对手的商品而心生厌烦。

□没有注意这个细节　□已经注意这个细节

改正措施：______________________________

____

____

4. 盯住进店的顾客不放。

□没有注意这个细节　□已经注意这个细节

改正措施：______________________________

____

____

5. 直接问顾客“您要点什么”而让顾客觉得尴尬。

□没有注意这个细节　□已经注意这个细节

改正措施：

6. 和顾客之间的对话过于生硬。

□没有注意这个细节　□已经注意这个细节

改正措施：

7. 和顾客交流时功利性太强，有势利眼的倾向或举动。

□没有注意这个细节　□已经注意这个细节

改正措施：

8. 审视每一个顾客，对顾客存在戒备心理。

□没有注意这个细节　□已经注意这个细节

改正措施：

9. 和顾客交流语气不够轻松、随和。

□没有注意这个细节　□已经注意这个细节

改正措施：

10. 无法营造良好的交易氛围。

□没有注意这个细节　□已经注意这个细节

改正措施：

11. 没有站在有效的距离内观察顾客的动态。

□没有注意这个细节　□已经注意这个细节

改正措施：

12. 不懂得寻找最佳的交易切入时机。

□没有注意这个细节　□已经注意这个细节

改正措施：

13. 忽视对店铺、产品品牌的宣传。

□没有注意这个细节　□已经注意这个细节

改正措施：

14. 以“帮忙”的心态为顾客介绍商品，而不是“服务”的意识。

□没有注意这个细节　□已经注意这个细节

改正措施：

15. 把顾客的咨询、质疑当成一种负担。

□没有注意这个细节　□已经注意这个细节

改正措施：______________________________

____

____

16. 遇到弱势群体的顾客，心态过于强势。

□没有注意这个细节　□已经注意这个细节

改正措施：______________________________

____

____

17. 为顾客服务有“例行公事”之嫌。

□没有注意这个细节　□已经注意这个细节

改正措施：______________________________

____

____

18. 想方设法“逼问”顾客的需求。

□没有注意这个细节　□已经注意这个细节

改正措施：______________________________

____

____

19. 不重视对顾客及随行人员、随身物品的赞美。

□没有注意这个细节　□已经注意这个细节

改正措施：______________________________

____

____

20. 称赞顾客时有肉麻、做作、虚假之嫌。

□没有注意这个细节　□已经注意这个细节

改正措施：

21. 混淆赞美和阿谀奉承之间的差别。

□没有注意这个细节　□已经注意这个细节

改正措施：

22. 对顾客“我先看看”的处理方式过于消极。

□没有注意这个细节　□已经注意这个细节

改正措施：

23. 无法或者很难留住购买意向相当明确的顾客。

□没有注意这个细节　□已经注意这个细节

改正措施：

24. 常用“有没有”“是不是”“行不行”等词语询问顾客的意见。

□没有注意这个细节　□已经注意这个细节

改正措施：

25. 不懂得如何激发顾客对产品的好奇心。

□没有注意这个细节　□已经注意这个细节

改正措施：

26. 接近顾客时不懂得如何使用合适的表达方式。

□没有注意这个细节　□已经注意这个细节

改正措施：

27. 为顾客介绍商品时过于直接。

□没有注意这个细节　□已经注意这个细节

改正措施：

28. 介绍商品时没有考虑顾客的情绪。

□没有注意这个细节　□已经注意这个细节

改正措施：

29. 在顾客选看商品的时候，站在背后不停地进行“干扰”式介绍。

□没有注意这个细节　□已经注意这个细节

改正措施：

30. 只注重介绍，却忘记查看顾客的表情和反应。

□没有注意这个细节　□已经注意这个细节

改正措施：________________

____

____

31. 常问一些让顾客感觉为难或者难以回答的问题。

□没有注意这个细节　□已经注意这个细节

改正措施：________________

____

____

32. 叫不出老顾客的姓名。

□没有注意这个细节　□已经注意这个细节

改正措施：________________

____

____

33. 顾客的档案没有建立或者过于粗略。

□没有注意这个细节　□已经注意这个细节

改正措施：________________

____

____

34. 无法让顾客产生购买商品的幸福感。

□没有注意这个细节　□已经注意这个细节

改正措施：________________

____

____

35. 除了贩卖商品之外，不懂得如何贩卖“幸运”“幸福”。

□没有注意这个细节　□已经注意这个细节

改正措施：

36. 对待顾客不够亲切、体贴、人性化。

□没有注意这个细节　□已经注意这个细节

改正措施：

37. 接待顾客时过于死板、教条。

□没有注意这个细节　□已经注意这个细节

改正措施：

38. 介绍商品时过于烦琐，语言晦涩难懂。

□没有注意这个细节　□已经注意这个细节

改正措施：

39. 不懂得把顾客快速引向试用阶段。

□没有注意这个细节　□已经注意这个细节

改正措施：

40. 过于和顾客套近乎、拉关系。

□没有注意这个细节 □已经注意这个细节

改正措施：

41. 和顾客的陪同人员产生意见上的分歧。

□没有注意这个细节 □已经注意这个细节

改正措施：

42. 无法消除陪同人员给交易造成的负面影响。

□没有注意这个细节 □已经注意这个细节

改正措施：

43. 对顾客自身的购物经验不屑一顾。

□没有注意这个细节 □已经注意这个细节

改正措施：

44. 不敢接受“准专业”类型顾客的挑战。

□没有注意这个细节 □已经注意这个细节

改正措施：

45. 处理顾客异议一味用自己的想法来空洞地表达。

□没有注意这个细节　□已经注意这个细节

改正措施：

46. 在聆听顾客意见时不够用心、仔细。

□没有注意这个细节　□已经注意这个细节

改正措施：

47. 在发现顾客不喜欢自己所推荐的商品时，直接放弃而不是转移顾客的注意力。

□没有注意这个细节　□已经注意这个细节

改正措施：

48. 忘乎所以，代替顾客做决定。

□没有注意这个细节　□已经注意这个细节

改正措施：

49. 说话时没有使用参考的语气。

□没有注意这个细节　□已经注意这个细节

改正措施：

50. 把自己的观点强加在顾客身上，造成盲目销售。

□没有注意这个细节　□已经注意这个细节

改正措施：

51. 不愿意鼓励顾客去试用、体验。

□没有注意这个细节　□已经注意这个细节

改正措施：

52. 只要顾客一触碰商品，就要求顾客试用、体验。

□没有注意这个细节　□已经注意这个细节

改正措施：

53. 不懂得“卖产品不如卖感觉”的道理。

□没有注意这个细节　□已经注意这个细节

改正措施：

54. 盲目坚持要求顾客试用、体验。

□没有注意这个细节　□已经注意这个细节

改正措施：

55. 在进行销售工作时往往容易忽视顾客的利益。

□没有注意这个细节　□已经注意这个细节

改正措施：

56. 否认顾客的说法或者感觉。

□没有注意这个细节　□已经注意这个细节

改正措施：

57. 反驳顾客，没有察觉顾客的情绪，反而逆着顾客的意思行事。

□没有注意这个细节　□已经注意这个细节

改正措施：

58. 不善于将产品的效用传递给顾客。

□没有注意这个细节　□已经注意这个细节

改正措施：

59. 不善于用“想象”刺激顾客消费。

□没有注意这个细节　□已经注意这个细节

改正措施：

60. 在顾客因为各种理由准备离开时，表现得很慌乱。

□没有注意这个细节　□已经注意这个细节

改正措施：____

____

____

61. 面对顾客的异议，采取“不作为”的做法。

□没有注意这个细节　□已经注意这个细节

改正措施：____

____

____

62. 不理解顾客在购买前存在的疑虑。

□没有注意这个细节　□已经注意这个细节

改正措施：____

____

____

63. 在销售时贬低自己的竞争对手。

□没有注意这个细节　□已经注意这个细节

改正措施：____

____

____

64. 说一些对店铺不利的话。

□没有注意这个细节　□已经注意这个细节

改正措施：____

____

____

65. 抱怨店长、店铺老板。

□没有注意这个细节　□已经注意这个细节

改正措施：________________________________

____

____

66. 向顾客谈论自己和同事间的矛盾。

□没有注意这个细节　□已经注意这个细节

改正措施：________________________________

____

____

67. 在顾客面前和同事争吵。

□没有注意这个细节　□已经注意这个细节

改正措施：________________________________

____

____

68. 忽视将自己品牌的优点与顾客的个人需求结合，激发顾客的购买欲望。

□没有注意这个细节　□已经注意这个细节

改正措施：________________________________

____

____

69. 用攻击性的语言回应顾客的指手画脚。

□没有注意这个细节　□已经注意这个细节

改正措施：________________________________

____

____

70. 凡事都要和顾客争个输赢。

□没有注意这个细节　□已经注意这个细节

改正措施：

71. 认死理，不敢承认商品或者店铺的瑕疵。

□没有注意这个细节　□已经注意这个细节

改正措施：

72. 处理顾客提出的品牌异议，过于简单化、随意化。

□没有注意这个细节　□已经注意这个细节

改正措施：

73. 没有满足顾客自我价值感。

□没有注意这个细节　□已经注意这个细节

改正措施：

74. 在处理顾客异议时，伤害了顾客的情绪。

□没有注意这个细节　□已经注意这个细节

改正措施：

75. 推荐商品没有满足顾客的虚荣心。

□没有注意这个细节　□已经注意这个细节

改正措施：

76. 专业素质缺乏，无法解决顾客提出的质量异议。

□没有注意这个细节　□已经注意这个细节

改正措施：

77. 言辞间流露出“顾客不识货”的意思。

□没有注意这个细节　□已经注意这个细节

改正措施：

78. 无法解释“低价”原因，引起顾客的怀疑。

□没有注意这个细节　□已经注意这个细节

改正措施：

79. 不愿意接待挑剔的顾客。

□没有注意这个细节　□已经注意这个细节

改正措施：

80. 面对商品的瑕疵，刻意弱化问题，想要蒙混过关。

□没有注意这个细节　□已经注意这个细节

改正措施：______________________________

____

____

81. 做错事情时向顾客道歉没有诚意。

□没有注意这个细节　□已经注意这个细节

改正措施：______________________________

____

____

82. 出现“踢皮球”式的责任推卸事件。

□没有注意这个细节　□已经注意这个细节

改正措施：______________________________

____

____

83. 常以“公司规定”“店铺规定”敷衍顾客。

□没有注意这个细节　□已经注意这个细节

改正措施：______________________________

____

____

84. 在顾客选购商品时，几个卖手同时“围攻”顾客。

□没有注意这个细节　□已经注意这个细节

改正措施：______________________________

____

____

85. 话语有严重的“指责”倾向，容易激化顾客的情绪。

□没有注意这个细节　□已经注意这个细节

改正措施：______________________________

____

____

86. 使用直线型思维，对顾客的问题采取“正面强攻”的方法。

□没有注意这个细节　□已经注意这个细节

改正措施：______________________________

____

____

87. 感恩心态缺失，认定顾客提意见就是在捣乱。

□没有注意这个细节　□已经注意这个细节

改正措施：______________________________

____

____

88. 不善于使用换位思维考虑顾客的感受和情绪。

□没有注意这个细节　□已经注意这个细节

改正措施：______________________________

____

____

89. 执行力度不够，太过于拖拉。

□没有注意这个细节　□已经注意这个细节

改正措施：______________________________

____

____

90. 对离去的顾客表现冷漠。

□没有注意这个细节　□已经注意这个细节

改正措施：

91. 在顾客退换货时，故意隐瞒真相。

□没有注意这个细节　□已经注意这个细节

改正措施：

92. 以“瑕疵不影响使用”来说服顾客，做无用功。

□没有注意这个细节　□已经注意这个细节

改正措施：

93. 根据商家提成的多少来决定推荐次序。

□没有注意这个细节　□已经注意这个细节

改正措施：

94. 在请求顾客成交时操之过急。

□没有注意这个细节　□已经注意这个细节

改正措施：

95. 在顾客犹豫不决时，一味等待。

□没有注意这个细节　□已经注意这个细节

改正措施：____

____

____

96. 帮助顾客挑选时，给顾客太多的选择而导致顾客挑花眼。

□没有注意这个细节　□已经注意这个细节

改正措施：____

____

____

97. 没有帮助顾客下定决心购买某件商品。

□没有注意这个细节　□已经注意这个细节

改正措施：____

____

____

98. 让顾客“自己想想”，然后把他晾在一边，等着他来叫你。

□没有注意这个细节　□已经注意这个细节

改正措施：____

____

____

99. 在销售打折商品时，过分强调“便宜”“优惠”，引起顾客的不满。

□没有注意这个细节　□已经注意这个细节

改正措施：____

____

____

100. 在推销时，刻意回避顾客所担心的问题。

□没有注意这个细节　□已经注意这个细节

改正措施：______________________________

____

____

101. 结账前后，卖手的热情出现“冰火两重天”的情况。

□没有注意这个细节　□已经注意这个细节

改正措施：______________________________

____

____

《做最有气场的卖手》　2014年5月1版1次　中国经济出版社

定价：32.00元

卖手是直接和顾客打交道的店铺人，是完成销售的最后一环。如果临门一脚没有踢好，前面所有的铺垫工作都将失去意义。卖手是一个要求十分全面的岗位，除了一些必备的要素之外，还应该具备强大的气场。

本书就是为卖手这一卖场重要岗位量身打造的，从主观心态到客观销售技巧，各方面都有详尽叙述。从书中，你不仅可以意识到卖手气场的重要性，而且能够实实在在地学到如何提高气场。如能加以实践，销售冠军将不再是梦！

《做最有气场的店铺》　2014年5月1版1次　中国经济出版社

定价：35.00元

经营一个旺铺，不仅需要关注店铺的营销定位、店址选择、店面装修等，还需要着力打造店铺气场，提高对顾客的吸引力，让其忠诚于店铺，和店铺一起成长。

提高店铺气场，是一个系统工程，比如提高“存在感”、塑造“主角意识”、秉持“理念”、培养强大的“内心”、审视“自我”等。这些内容，在本书中都能找到。只要让店铺在经营过程中学会两条腿走路，店铺气场就会越来越强大，成长也将越来越快速。

《做最有气场的店长》　2014年5月1版1次　中国经济出版社

定价：35.00元

店长是一个店铺实际经营过程中的掌权者。常言说得好：开不开店看老板，赚不赚钱看店长。一个店铺如果想成为旺铺，没有一个气场十足的店长是万万不行的。

店长，作为店铺经营的具体策划者和执行者，不能只是简单地执行老板的命令，例行公事地开展管理工作，还得能够临危受命、力挽颓势，妥善处理各种棘手问题，管理好与店员、顾客等各种内外部因素的关系，用创造性的方法提升店铺销售。

本书对如何打造气场性店长进行了全面阐述，相信能助店长业绩大增！

《零售业100个创意促销方案（升级版）》2014年5月1版1次　中国经济出版社　定价：39.50元

本书是100个创意促销方案的集中展现，更是一本能够让你的店铺疯狂赚钱的教程。

它通过“促销目标”“促销对象”“创意解读”“前期准备”“宣传推广”“促销预算”“后期开发”“注意事项”等要素，对各个方案进行了严谨、有序、到位的剖析，让你拿到任何一个，马上就能着手实施，见到效益；并达到既提升销售又打击竞争对手的双重功效。